共同親権

宗像充

社会評論社

共同親権＊目次

はじめに　7

1　「共同親権」って何だ？　13

スコット・マッキンタイアさんが訴えたかったこと　14
「共同親権」っていったい何？　17
国内外の親権ギャップ　20
自分には関係ない？　24
恐ろしくって結婚できない　29
共同親権訴訟をなぜ起こした？　31
共同親権訴訟で何を訴えたい　33

2　今の日本の家族のあり方、問題あるの？　37

なぜ拉致と批判されるのか？　38
先に連れ去った者勝ち　41
「原則面会交流実施論」って何？　44
連れ去りは「日本の伝統」なのか？　52
男女平等憲法でも温存された単独親権制度　55
裁判所と弁護士会は拉致推進勢力　58
進化する引き離しの手口　64
共同親権はバックラッシュ？　69
戸籍が問題では　74
嫡出子が「子どもの福祉」　78
家庭裁判所は家制度の門番　82
民事不介入が連れ去りを擁護する　85

3 どうして議論がかみ合わない？　89

ＥＵの対日非難決議　90
ハーグ条約反対運動　93
ＤＶが問題？　98
単独親権殺人　104
背景にある男性差別　108
会わせないのに金をとるのか？　113
離婚産業が問題？　116
面会交流支援もビジネス　122
ＤＶにも連れ去りにもない刑事介入　124
犯人は単独親権じゃなくて
　ＤＶ施策の性差別　126
合意できないのが問題？　130
「単独親権制度でも会える親はいる」？　134
ほんとうに共同親権で協力できる？　137
再婚家庭では子どもが混乱する？　140
親の権利VS子どもの権利
　――二つの「子ども」をめぐる議論の混乱　143
父親がかかわったほうが
　母子ともにいい影響がある　147
「反対」ではなく「慎重」なわけ　152

4 共同親権で何がどう変わる？ 155

単独親権制度が子育て改革を阻む 156
「私もお父さんに会いに行っていいと思った」 159
引き離された母親たちのオブジェクション 164
共同親権を望む「シングルマザー」たち 166
対立していても共同養育はできる 172
フランス人と結婚した父親の現実 175
「争ってくれたほうがよかった」 179
ステップファミリーが虐待を生む 183
婚姻制度は重すぎた 186
「子どもに親にさせられる」 192
共同親権は子育て支援の切り札 196
共同親権＝あなたがここにいるだけで価値がある 199

参考文献 202
あとがき 206

はじめに

二〇二一年七月に、台湾人の夫と結婚した「卓球の愛ちゃん」（福原愛さん）が離婚し、二人が子どもの親権を共同で持ったことで、日本の法律にはない、婚姻外の「共同親権」がSNS（ソーシャル ネットワーキング サービス）のトレンドワードになった。

ぼくは二〇一七年に自分が子どもと引き離され、翌年から市民運動として親子の引き離しや共同親権の問題に取り組むようになった。それから共同親権についてのメルマガを発行しつつ、メディアの報道をずっとウォッチし続けてきた。一〇年以上前には、数カ月に一度といった程度の頻度だったマスコミ報道は、メルマガの配信を毎週しなければ情報が追えなくなるほど、頻繁になってきている。

とくに芸能人の離婚を記事にする週刊誌は、国内の離婚であっても、共同親権について言及する機会が増えた。親が別れても両方が子どもを見続けるということが選択肢として実はあり得る、ということを週刊誌記者たちも気づいたようだ。どちらかに家庭生活を壊した原因を求め、親の別れが親子の別れとなってきた日本の離婚のあり方について、「海外のように共同親権の場合と違って」『日本は単独親権だから」とわざわざ言及しつつ、芸能人の事例を使った問題提起がなされてきている。世間は「共同親権」について知りたがっている。

考えてみれば、子どもは両親から生まれるのだから、親が別れるとともに、一人だけが子どもを見ればすむという単独親権制度は不自然な仕組みだ。にもかかわらず、共同親権について国内に紹介する本は、研究者の専門書か、共同親権について反対する立場から、(単独親権制度の問題点については目をつぶり) いかに共同親権には問題があるのかという趣旨で、法律家やフェミニスト、女性への支援者が解説するというものしかなかった。

こういった共同親権への反対論は、二〇一五年に元裁判官の梶村太市氏が「東アジアの価値観」(「面会交流の実体法上・手続き法上の諸問題」判例時報二二六〇) を掲げて、共同親権・共同監護は「欧米の価値観への盲目的追随」(『子ども中心の面会交流』) と批判したのを皮切りに、彼と弁護士の長谷川京子氏が、同様の趣旨の本を、執筆者を変えて何回も出版しつつ現在も継続している。執筆陣には、臨床心理士として有名な信田さよ子氏や、学者フェミニストとして有名な上野千鶴子氏なども並ぶ。

しかし上野氏が、子どもの面倒を見ない「男には共同親権を要求する準備がまだない」(『離婚後の子どもをどう守るか』) と発言したとき、あーあ、やっちゃった、とぼくは思った。それって、職業経験の乏しい女には職場で平等なポストを要求する準備がまだない、と言っているのとどう違うのだろう。「東アジアの価値観」それ自体の評価は別にして、彼らはそれに賛同してきたのか。彼らは日本のジェンダーギャップ指数が一五六カ国中一二〇位（二〇二一年）であることを批判するかもしれない。だけどぼくから言わせれば、そうしているのはあなたたちじゃないの、と思ってしまう。例えば、結婚するときには妻が夫の姓にする割合が九六％なのは女性差別、と批判する人が、離婚するときには司法が親権を女性にする割合が九三・八％（調停・審判で。二〇二〇年度司法統計）という現実に、「女性が子育てを担ってきたから」と肯定するならインチキだ。

こういった疑問は、ぼくが子どもと引き離されてから、この国の法や社会制度で気づいた不公正について、一つひとつ「どうしてそうなっているのだろう」と考えていくうちに膨らんでいったものだ。彼らは現在のシステムを片や批判しつつ恩恵を受けてきた。だから、この本は、そういったこれまでの共同親権への疑念、逆に言えば単独養育への肯定についての一定の回答として書いた。

共同親権への反対本や主張はたくさん出ているけど、同じことを繰り返しているので回答自体もさほど複雑ではない。ぼくも質問状を出したりして対抗したことがあるけど、議論を逃げ、大手メディアも含めて議論をかみ合わせようとする努力もせず、別居親や男性への敵意や危険性を煽るだけのものは、当事者として不愉快なだけでなくヘイトだ。共同親権の議論が進まないのは、議論を混乱させることを目的とした「ためにする」主張が繰り返されてきたからだ。

子どもの両親は二人いるという事実から描ける未来は、そんなに貧困なのだろうか。それを否定し続けることの未来のなさに多くの人が気づきつつあるから、共同親権がトレンドワードになったのだろう。

今年になって、日本人の妻に子どもを連れ去られたフランス人のヴァンサン・フィッショさんが、東京オリンピックの開催に合わせて千駄ヶ谷駅頭で二一日間のハンガーストライキをした。七月一〇日からフィッショさんが転倒して指を骨折するまで続いたハンストの間、来日したフランスのマクロン大統領の特使やEU加盟国の大使館員が訪問し、日仏首相の共同声明でもこの問題が言及された。彼が家庭裁判所による手続きではなく、ハンストを選んだのは、司法が親子関係を制約するものでしかないことを知っていたからだ。国際的にもこのハンストは、日本の家族法制度の旧態依然ぶりを批判するという形で、各国で報道された。

しかし国内報道は、ネットメディアは伝えたものの、大手メディアは及び腰だった。中には朝日新聞がフリーランスの手によるネット記事を、両論併記がなされていないことを理由に削除した事例もあった。しかし、制度の不備からくる人権侵害の主張に、両論併記の欠如による記事の削除を肯定するなら、そもそもそれは制度や社会の問題ではなく、フィッショさん個人の問題である、ということになる。「子どもに会えないのはその人に原因があるから」という世間の偏見を肯定することは、報道における中立か。

ぼくやフィッショさんが闘ってきたのは、そういう日本社会の根強い偏見や差別構造にほかならない。フィッショさんの体を張った告発を無視すれば、結局は会社や職場で仕事と家庭の両立に悩む多くの人の生きづらさを、「個人的なことだから」と切り捨てることにつながる。「個人的なことは政治的なこと」ではなかったか。

1　「共同親権」って何だ？

スコット・マッキンタイアさんが訴えたかったこと

「子どもと連絡がとれなくなってからもう二三八日たっている」

オーストラリア出身のジャーナリスト、スコット・マッキンタイアさんは、逮捕の一月前、妻の両親が住むマンションのオートロック付きのドアの内側にマンションの住民の後について入った。その理由を弁護士に聞かれて答えていた。二〇二〇年一月一〇日、東京地方裁判所の法廷でのことだ。そのときからすでに二年近くが経った。

彼の逮捕は、家族に関する法制度が国内で議論されはじめる中、国内外の制度の違いが目に見える形で現れたものとして注目された。逮捕直前の一一月二二日、ぼくたちは実子誘拐や子どもの囲い込みを放置する単独親権制度を維持し続ける国に対し、立法不作為の損害賠償請求を、同じ東京地裁に提起していた。

「娘は一一歳。とってもやさしい子どもでダンスや歌が好き。将来は助産師さんになりたいと言っている。息子は八歳。昆虫が大好きで動物園で働きたい。私は子どもが恋しくてたまらない――」

眼鏡をかけたスーツ姿のマッキンタイアさんの早口の英語を、通訳の女性が法廷で次々と日本語に訳していった。マッキンタイアさんの行動は、一〇月一二日に伊豆半島に上陸し、関東甲信地方に甚大な被害をもたらした台風一九号が通過して後のことだ。

お子さんのことを一生懸命話す父親だなと思った。妻は日本人。二人の子どもたちは二〇一九年五月から行方がわからなくなっていた。妻が子どもを連れ去っていた。

「――私は家庭裁判所にも警察にも妻の家族にも聞いて、子どもたちが生きているか確認したかった。無事だと教えてほしいとお願いした。なのにたった一度の回答もない。これは誘拐です。悲しみしかない」

涙声になっていた。彼が住居侵入容疑で逮捕されたのは二〇一九年一一月末。義父母のマンションに行ってから一か月後のことだ。すでにこの時点で一月半勾留されていた。ぼくも取材で歓迎されるかわからない自宅訪問はするし、彼はぼくより年は一つ上。子どもたちの安否を確認するために、元パートナーの家に行こうとして警察を呼ばれたこともあるので人ごととは思えない。

オートロックの内側に入ったとはいえ、共有部分にはＮＨＫの集金や借金の取り立て、関係のこじれた異性も入ってくるし、だからといってぼくたちは住居侵入で彼らを勾留できると期待して生活してはいない。ジャーナリストでも住居侵入を問われることはあるだろう。とはいえ、よっぽど運が悪くて一〇万円の罰金を払って略式で幕引きになる。ドアの外からピンポンを鳴らすと「住居侵入」になるのだろうか。

ところが、五日後の一一月一五日には、マッキンタイアさんは懲役六月執行猶予三年の有罪判決になった。判決後の記者会見で彼は「この国のシステムはクレージー」と発言している。最初から容疑を受け入れていたものの、目的は正当だから無罪を争っていたらどうなっただろう。子どもの居場所を聞いて犯罪になる。「そんな野蛮国の司法で争っても」と海外出身の彼に見放されたのはむしろこの国だ。その証拠に、判決後彼は「片親誘拐」と胸に大書したトレーナーを着て海外メディアにしゃべっていた。

「私や他の親たちは、日本が文明社会の一員となり、共同親権のシステムを導入してほしいと願っている」

検察も裁判所も、子どもに会いたければ家庭裁判所の手続きを経るようにと法廷で繰り返していた。裁判官は子どもの居場所を知ろうとすることを「悪質」と述べることで、今後の彼の行動を抑止しようとした。妻側や検察側は彼の家庭内暴力を主張した。検察側があざが残った娘の写真をマッキンタイアさんに示すと、「これは妻の暴力の証拠としてぼくが撮影したものです」と反論していた。

客観的に見ても、暴力の証拠があるなら、容疑は傷害罪や暴行罪で住居侵入罪ではない。つまりこれは事後の別件逮捕による弾圧だ。元日産社長のカルロス・ゴーン氏の国外逃亡があった時期で、日本の人質司法や司法制度は海外から厳しい目を向けられていた。

釈放後彼は裁判所前でスピーチをしたほか、外国特派員協会で記者会見をした。彼の逮捕、勾留は、日本の親権制度の異常性を示すものとして海外メディアで報じられた。それを見た海外在住の日本人ジャーナリストたちが、ネット記事でそれを国内に発信した。オーストラリア大使館の職員も、マッキンタイアさんの裁判を傍聴しにきていた。オーストラリア政府はその後、日本の家族法の改善を求める要請を日本政府に行なっている。

しかし、大手メディアで一連の出来事を伝えたのは、今のところ、ぼくといっしょに裁判を傍聴した朝日新聞の記者が、小さな記事を掲載しただけにとどまっていた。

誘拐と日本の司法制度の被害者か、それとも裁判所の言うように、彼は悪質な犯罪者なのだろうか。

「共同親権」っていったい何？

「共同親権」という言葉は、もっぱら離婚後の子どもの養育をめぐる法制度のあり方を示すものとして近年知られるようになってきた。しかし実際には、親どうしの関係如何にかかわらず、双方の親による子どもの養育への関与を法的に指す言葉として理念的に用いられる場面が多い。ぼくもそのようなものとしてもっぱら用いている。「共同親権」という言葉について「それは何？」と思ってこの本を手に取った人は、「親権」という言葉自体にもなじみがないかもしれない。

親が子どもの面倒を見るということは、当たり前のことと世間では受け止められている。だから本来、親権が子どもの養育・教育への権利義務なら、共同親権が当たり前だ。

ただ、親子の関係で「親権」という法律用語がどうかかわるのかということを、子育てをしている親も考えたりしない。ぼくも自分が子どもと引き離されてはじめて、親権があるのとないのとではどう違うのかを知ることになった。親権がないと、子どもにたいする発言権が、親権者次第で何もなくなってしまう。

これを、二人いる親の一方の側のみを親権者として指定するという意味で、単独親権制度という。親権という言葉が日常会話で出てくる場面がもしあるとするなら、それは親どうしが別れる場面で、例えば友人や親族が「親権はどうするの?」と尋ねる場合だ。

日本では、子どものいる夫婦が離婚する場合、どちらかの親が子どもの面倒を見て、もう一方はかかわらないか、かかわっても養育費を払うだけで子どもの周囲からは消える、というイメージが一般的だ。

一方で、海外では親どうしが別れても、両親が子育てに引き続きかかわるということが、よくある家族のあり方として定着しつつある。「しつつある」というのは、現在「共同親権」の法制度を整えた国々でも、以前は片親がもっぱら子育てを担う単独親権制度だったからだ。「単独子育て」を押し付ける制度とも言える。アメリカで一九七九年に公開された「クレイマー、クレイマー」という映画が、この制度の限界と、そこで生じる人間ドラマを描いたものとしてよく知られている。

当時は親権争いをしてもまず女性が勝つというのが当たり前で、子どもを置いて妻に出ていかれた、ダスティン・ホフマン演じる父親が、仕事一辺倒の生活態度を見直して、子どもとの生活になじみはじめても、親権裁判になれば母親が勝っている。

映画が上映された翌年、一九八〇年にはカリフォルニア州で「両親が別居あるいは離婚を解消した後に未成年の子どもと〈両親との〉頻繁かつ継続的接触を保証するのが州の公共政策である」との条項が民法に付け加えられ、「別れた後の共同子育て」を可能とする法制度が全米に広がっていくことになる。

カリフォルニア州での「共同監護法」の成立を働きかけたジェームズ・クックは「共同親権の父」と呼ばれている。監護は子育てを意味する法律用語だ。以後共同親権の半世紀の歴史が始まる。

子どもの奪い合い事件が頻繁に起きるようになり、立法措置の必要性が議論されるようになった日本の状況は、共同監護の法制度が広がっていく前、つまり「クレイマー、クレイマー」の時代のアメリカの状況に似ていると言われることがある。

ただし、単独親権であった時代のアメリカにおいても、もっぱら父親である別居親は自分の子どもと隔週で週末を過ごすのが一般的で、法的な権利としての面会交流権（訪問権）は一〇〇年の歴史を持っていたという。以前のアメリカの状況と似ているというのも、ぼくが子どもと引き離された二〇〇七年にすでに言われていた。日本の別居親団体の嚆矢は、二〇〇〇年に設立された「ファーザーズウェブサイト」だとされる。つまり日本の状況は当事者が声を上げはじめてから二〇年来変わっていない。

国内外の親権ギャップ

最近ようやくメディアでも報じられることが増えてきたとはいえ、アメリカに比べて日本の場合、子どもと引き離された親が家庭裁判所に子どもに会いたいと調停や審判を申し立てても、よくて月に一回二～三時間程度が基準となっている。しかも家庭裁判所に面会交流を申し立てたうち、何らかの取り決めができるのは五割ちょっとで、この割合は何年も大きな変化はない。そのうち月に一回以上の頻度で取り決めができるのは六割程度。日本弁護士連合会が二〇一四年に行なったアンケートでは、そのうち四割が取り決めが守られず会えなくなっている。

内閣府男女共同参画局の調査では、ひとり親世帯のうち面会交流を実施している割合は三〇％程度となっている。このアンケートには、面会交流を取りやめるきっかけとなる、同居親が再婚してステップファミリーになった場合は含まれていないので、実際の実施率はもう少し低いと思われる。

欧米各国の家族法は単独親権から共同親権に次々に転換していった。以前はG7の中で単独親権は日本だけと言っていた。それが今はG20の中では日本以外はトルコとインドと言われるようになってきた。残ったのはアフリカ諸国やイスラム諸国、東アジアでは朝鮮民主主義人民共和国と日本が単独親権制度だ。

一〇年前にぼくが共同親権を目指す市民運動をはじめたときの仲間に、子どもがイランにいる母親がいた。イスラム諸国は単独親権というけれど、日本で夫と暮らし娘をイランに連れていかれた彼女は、離婚前とはいえ国際電話でときどき娘と会話していた。イランに行けば娘には会えるようで、「会えないなんてないよ」と彼女は言っていた。夫が第二婦人をもうけ、向こうに生活基盤がないのが問題のようだった。

当時、アラブ系メディアのアル・ジャジーラからぼくたちは取材を受けている。アラブ世界のメディアからも日本の状況はかなり特異に見えたようだ。

二〇一九年に共同親権のイベントで招いた元読売新聞記者の牧野佐千子さんは、青年海外協力隊の隊員としてニジェールでの生活経験があり当時の夫はニジェール出身だった。彼女も「ニジェールは単独親権だけど、別れても村のお年寄りが親が子どもと会うのを保証していた」という。

最近知り合いになった日本で暮らす韓国出身の青年は、小さいころに親が離婚して母親と暮らしていた。それが「お父さんがかわいそうになって」高校生のときに父親と暮らしはじめたという。子どもと離れるのが寂しくてならない父親は日本への留学に反対したものの、最終的には送り出して費用負担もしてくれた。度々韓国に帰り父親とは友達のような関係だという彼は、ぼくが娘と引き離されたと言うと、「韓国では会えないなんてないですよ」と驚いた。

一九九〇年から韓国では離婚後の共同親権が条文上は可能となった。実際に裁判所が共同親権の決定を出すようになったのは二〇一二年以降のようだ。

こうやってあちこちの国の状況を知れば知るほど、法制度の違いはあっても、「親の不仲」という理由で、実態として子どもとまったく会えなくなってしまう親が大半の日本の状況は、かなり特殊だと感じてしまう。実際には、共同親権が定着してきたアメリカにおいても、ブラッド・ピットとアンジェリーナ・ジョリーが親権争いで大バトルを繰り広げ、ブラッド・ピットが子どもたちと会うのに苦労するようなケースはある。

ただハリウッドの芸能人の離婚では、「単独親権を得ようとしたが無理だった」という報道のされ方がされることが少なくない。やはりどの子にも父母がいるわけだから、日本でも婚姻中はそうであるように共同親権が原則なのだ。

未婚や離婚は親の都合だ。もっと言えば男女がセックスして子どもができるのは人間の営みでも、婚姻制度自体は国や習慣によってその中身が変わる人為的なものだ。「離婚は子どもにとっては家が二つになること」でそれは事実なのだから、二つになった家族に合わせて子どもをどちらかに帰属させること自体不自然だ。それに気づいたほかの国は、「お金は分けられるけど子どもは分けられない。だから養育時間を分ける」と事実に実態を伴わせようと法制度を整えてきた。

「どうして日本では単独親権が残っているのでしょうか」

世界的な家族法の変遷を知ると、誰もがこの問いを発するようだ。日本の家族法は、戸籍という世帯単位の登録制度と紐づけられる形で整えられた明治民法に起源がある。そこでは男性（父親）である家長に婚姻中においても親権が帰属し、家の構成員は妻や成人した子どもでも家長の決定には従うことになっていた。それが戦争に負けて男女平等の日本国憲法ができ、「婚姻中」のみ共同親権となった。未婚、離婚の単独親権は取り残されたというのが実態だ。

そう聞くと、単独親権制度というのは家父長制の残滓だというのがよくわかる。実際、戦後すぐは戦前と同様、離婚すると子どもは家に残され、妻だけが出ていくという事例が多く、女性は親権を取れなかったようだ。ぼくの父も、父親が戦死し、母親がいるにもかかわらず、母親が再婚するときには家に残され祖父母の養子になっている。子どもは親のものではなく、家のものだった。家は国のためのもので家長はその末端の「役人」だったから、ぼくたちが提起するまで、親が権利を掲げて国と争うこともなかった。戦後は、実態はともかく、女性が親権を取れる法制度になったということが男女平等とみなされた。

つまり、現在の親権制度は、家制度とそれを支えた性役割が時代に応じて果たしてきた機能を反映している。現在は離婚して女性が親権をとるのが八割だ。「イクメン」といって子育てを奨励されてきた男たちは、親権争いでは「不利になる」と単独親権制度に疑問を投げかけている。

一昔前なら、それを「不利」だと感じる男性は少なかっただろう。新しいパートナーを探すにおいても「こぶ付き」はむしろ不利な要素にカウントされてきた。母たちは「女手一つで」子育てするのが美談とされた。

だけど、「男は外で仕事、女は家庭で家事育児」というパターンを、現在においても維持し続けること自体、もはや「時代遅れ」ではないのだろうか。何よりも、「二人の親に一つの親権」というのが土台無理な話だったのかもしれない。単独親権制度は非婚（未婚、離婚）時には一方の親から親権を剥奪し、養育を否定する。その制度を廃止することが、共同親権だ。

自分には関係ない？

元パートナーに子どもと引き離され、制度が問題だと気づいたぼくが署名集めを知り合いに求めたりすると、「かわいそうだから」と同情されて協力してくれることがある。制度の問題とは言いつつも、結局は自分の不始末でそうなったのだから、個人的な問題じゃないの、と言われているようで傷つく。多くの人が離婚は他人事と思っているし、ましてやそれで会えなくなっているというと、「何かひどいことしたの」と原因が会えない側にあると思うのは普通だ。

そんなわけで、子どもに会えないとぼくたち親が発言するようになって、予備知識のないメディア関係者が取材に来たときに、「問題は親の権利ではなく子どもの権利ではないでしょうか」と聞いてくることがたまにある。そんなときにぼくはこう答えている。

「ぼくはたまたま親なので、自分の権利を主張するのに親の権利と言っているだけです」

取材に来るのは女性の記者が多い。「女は黙っとけ」という古臭い男から「女性の権利と言っちゃダメ」と言われるのとよく似ていると思う。こういう返答をすることもある。

「うちの父親と母親はぼくが小さいころ、しょっちゅう喧嘩をして、『お父さんとお母さんが別れたらどっちと暮らす』と家庭内で話題になったこともあります。だけどそれでどっちかと会えなくなったら、困りましたよね」

ハッとした顔になる人が多い。自分が引き離された経験でもなければ、両親と過ごした時間を大方の人が持っていて、親の喧嘩もたいがいの人が経験している。要は不仲でたまたま親が別れた場合、それでどちらかの親と会えなくなるという事態を想像していなかっただけなのだ。誰もが父母から生まれるわけで、そういう意味ではたとえ自分の子どもがいなくても全員が当事者だ。

「私はパートナーとはうまくいっているから離婚はない」

という人もいる。親しい友人がそういうこともある。ただ、自分は離婚しないなんて自分一人では決められない。妻（夫）が離婚すると決めたら防ぐ手立ても多くない。そして妻（夫）から離婚を切り出され、子どもと引き離された人の話を多く聞いている限りでは、事前に妻（夫）が出ていくというのを予想していなかった人が少なくない割合いる。さして関係が悪かったとは自分では思っていなかったという人もいる。ちなみに離婚原因の一位は男女ともに「性格が合わない」だ。

今や離婚は珍しくない。近年では三組に一組が離婚する時代だと言われることがある。実際には、婚姻件数は一九七〇年ごろは一〇〇万件を超えていたのが、二〇二〇年の婚姻件数は約五四万件と四割以上も減っているのに、離婚件数（約一九万三〇〇〇組）は横ばいまたは微減なので、婚姻件数を離婚件数で割るとそうなる。ちなみに、一〇〇〇人当たりの離婚率は、アメリカの二・五％（二〇一五年）に対し日本一・七％（二〇一九年）となっている。

そうはいっても、結婚件数自体が減っているので、離婚自体は以前と比べてかなり目立つ現象になっている。その上、男性が子育てする機会は増え、子どもの数も減っているので、子どもをめぐる紛争も激化する。自分は結婚、離婚とは無縁でも、兄弟や親戚に離婚経験者は一人くらいはいるし、離婚や親権の話を周囲の人から一度は聞いたことはあるのではないだろうか。それくらい身近な問題なのだ。

以前東京都区内の議員さんとお話ししていたときに、区内の小学校ではクラスの半分の子どもが、親の離婚の経験があると言っていた。その数字が実際にどうなのか確かめたことはないけれど、一二人に一人という性同一性障害の生徒の割合よりも、親が離婚している子どもの割合は高いだろう。親が離婚した子どもの数は、二〇〇二年の二九万九五二五人をピークに減ってはいるものの、二〇一八年においても二〇万九八〇八人になる（人口動態調査から）。この数が毎年毎年積み重なり、親と生き別れになった子どもも毎年毎年増え続けている。

相手が大人なら、「あなたが悪い」「離婚してよかったね」と自分の価値観を口にするかもしれない。しかし、子どもの過ごす環境で離婚をどう扱うかは、社会が考えずにすむ問題ではなくなっている。

ぼくの友達は、離婚した後は子どもの学校と積極的にかかわり、保護者として先生たちともよく話すようになっていた。ところが離婚していると先生たちに言うと、「そのことは話さないようにしましょうね」と子どもたちに呼びかけたという。友人の子どもは親の離婚は社会ではマズい問題として受け止めたことだろう。

先生たちも親の離婚をどう扱っていいのか迷っている。今学校現場では一〇歳になったときに「二分の一成人式」という学校行事がある。ぼくも子どもの授業参観に行って、たまたまこれをしていた。この行事には、これまで自分が生まれてからの経過を親に聞いてまとめてきて、大人になった自分が何をしているかをクラスメイトと親たちの前で発表するという課題がある。生んでくれてありがとう、育ててくれてありがとうという気持ちを子どもたちに自覚させるのがどうやら目的らしい。やや押しつけがましい。

子どもたちが一人ずつ保護者のほうを向いて発表するのをぼくも聞いていた。その中にこれまでの人生年表ではなく、「将来の夢」というよくある作文の発表をしていた子どもが何人かいた。ぼくの娘も後者のグループだった。

ぼくの娘は物心つく前に親が別れて、その後二年もぼくとは引き離されている。ぼくが来るのがわかっていたので、娘の母親は来ていなかったようだけれど、母親に聞くのは自分でも難しいと思っただろうし、他人に説明して理解してもらうのも一筋縄ではいかない。何しろ、娘も母親もぼくのことを周囲に話していなかった。

学校は父の日や母の日に似顔絵を子どもに描かせるのを最近ではやめるし、お父さんお母さんという言い方もやめて「おうちの人」と保護者の呼び名を改めている。しかし、そもそも家庭にはそれぞれ事情があって、家族のあり方もいろいろという事態を説明できなければ、いつまでたっても、自分はマイノリティーで他人とは違う人生を背負っているということを払拭できないだろう。それは、部落差別や性的マイノリティーに対する学校教育が人権の文脈で語られてきたことと同様に、社会が考えていかざるをえないことだ。

友人の一人はぼくが元パートナーと別れて一時期子どもを見ていた時期、同居親になったぼくの育児を手伝ってくれた。別れる前から子どもたちとは親しくて引き続き気にかけてくれていたのだ。それがぼくが子どもと引き離されてから、彼女も子どもたちと会えなくなった。もちろん、子どもたちは慣れ親しんだ生まれ故郷の町からいなくなり、子どもたちを知っていた友人、知人も子どもたちとは会えなくなった。

子どもたちはいままでの生活環境そのものが奪われる事態でその状況は今も続く。しかし子どもたちを知る町の人々にとっても、その喪失感は小さなものではなかっただろう。

恐ろしくって結婚できない

こんなずさんな婚姻制度で、いったいこれから結婚なんて軽はずみにして大丈夫だろうか。好きな人といっしょになって家庭を持ち、子どもをもうけたいと思っている人はたくさんいる。だけどある日突然子どもを妻（夫）に連れ去られ、その後子どもとは生き別れになってしまうこともありうると知ったら、結婚なんて怖くてできないという人が出てきても不思議じゃない。最近では別姓のために事実婚を選ぶカップルもいる。お互い自立したパートナーなら、法律婚で戸籍（家）に縛られるのは筋違いだという考えは賛成だ。ぼくも事実婚でパートナーとの間に娘をもうけた。しかし別れる段になって「私が親権者だから」と言われれば騙されたと思うだろう。

実際未婚の場合は、親権者は母親だと民法で決まっている。ぼくに限らず、事実婚だったのに別れるときには親権を主張されたという男性の相談をときどき聞く。女性の自立なんて看板倒れで家制度に逆襲されたようなものだ。知り合いの女性は、成人した息子が結婚したがらないのでわけを聞くと、「だって結婚って男が一生おごり続けるってことでしょう」と言われて愕然としたという。

婚姻中も子どもだけでなく妻の生活費を負担し、別れても慰謝料（解決金）をとられた上に毎月養育費を支払う。養育費は高額化し未払い時には給与が差し押さえられ、銀行口座も隠せない。「ぼくはATMじゃない」と悔し涙を流す男性を少なからず見てきた。

その上、金は払っても子どもには会えない。こうなるとATMの種馬だ。実際、親の離婚により片親を失った子の数は、毎年二一・三万人になる。これは出生数九四・六万人の五分の一にあたる（以下、子育て改革のための共同親権プロジェクト『基本政策提言書』から）。そのうち、一四・六万人が片親と会えなくなっているので（出生数の六分の一）、一日にすると四〇〇人の子どもが片親と生き別れている。

女性にしたって、離婚すれば一人で子どもを育てないとならず、養育費を受け取れるかどうかの保証もない。離婚件数は二一・二万人。結婚したカップルのうち、五組に一組の一〇・八万人が母子世帯になり、うち半数の五・四万人が貧困母子世帯になっている。婚姻件数の一〇分の一で、結婚したら一〇分の一の確率で女性は貧困母子世帯になる。

「子どもを育てたかったらちゃんと結婚して離婚するな」という、今の婚姻制度の規範はもはや機能不全を起こしている。

共同親権訴訟をなぜ起こした？

二〇一九年一一月二二日に仲間と共同親権訴訟を東京地方裁判所に提起した。この訴訟は、親子を引き離す単独親権制度が、憲法一四条に規定された平等原則に違反し、親の養育権を侵害したとして一人一〇〇万円の慰謝料を国に求めるものだ。親の養育権は憲法一三条の幸福追求権に由来する。

この訴訟に先立って、面会交流を実施する法制度がないことの立法不作為を問う訴訟も起こされている。また、ＩＴ企業のサイボウズの青野慶久社長らが起こした選択的夫婦別姓訴訟の代理人の作花知志弁護士が、ぼくたちが訴訟を起こした同年の三月に、匿名の父親の代理人として単独親権制度の違憲性を問う訴訟を起こしている。

この訴訟を提起するまでに一年ほど準備に時間をかけた。その間、ぼくは月に一度いっしょにすごす娘との関係に四苦八苦していた。やってきた娘が無言で四時間の面会交流の時間を過ごしたり、途中で帰る娘をぼくが家まで送り届けようとすると、携帯で娘と連絡をとっていた元パートナーやその再婚相手が待ち受けていて、娘といっしょに逃げたり、トイレや警察に逃げ込まれたりという出来事があった。

娘の母親とは事実婚（未婚）で、二〇〇七年に別れるとき、一時的にぼくが子どもたちを見ていた。その後彼女が「親権者だから」と裁判手続きで子どもたちを引き取った。このとき彼女は、子どもたちを会わせるという約束をわざわざ自分からしている。ところが、彼女が子どもたちを引き取った後、一回だけ娘たちと会った後は会えなくなった。

しかたなく、翌二〇〇八年に調停を起こしてからぼくは、家事、民事合わせて五回の裁判を起こした。最初の裁判所決定は二か月に一度二時間しかなく、裁判所に度々関与させながら子どもとの関係を維持し続けてきた。

国賠提訴前の最後の裁判は親権者変更で、千葉家庭裁判所は娘の「千葉のマザー牧場に行きたい」という発言を拾い上げ、二か月に一度から、月に一度八時間という決定を出した。

しかしその後の東京高等裁判所の決定では、ぼくが「抗告しなかった」という理由で、再び従来の四時間という決定に戻している。まるで裁判所が争いを望んでいるかのようだ。

「裁判になるから会いに来ているだけだ」という娘の発言を聞いて、心が痛まない親はいるだろうか。問題は行かせたくない親が娘に「行きたいかどうか」を聞くばかりで、「パパが会いに来てくれているんだからよかったじゃない」「行っておいで」と一〇年以上たっても娘の周りでは誰も言わないことだ。

ぼくと子どもたちのしんどさは、「今の制度をそのままにしている社会の側の問題で、あなたのせいではない」、そう伝えたくて、ぼくはこの裁判を起こすことにした。

このメッセージはぼくだけのものではないと思って呼び掛けると、原告に名乗りを上げてくれる仲間がいた。同じ思いを抱きつつ応援してくれた人も多い。

裁判に勝てば単独親権から共同親権への法改正を実現できるだけでなく、「あなたがパパ（ママ）に会いたいという思いは間違ってないよ」と子どもたちに伝えることはできる。だけどそれに限らず、裁判を通じて、子どもと引き離されて傷つけられた親たちを励まし、親の愛情を実感できず寂しさを表明できず生きている子どもたちに「あきらめなくていい」というメッセージを送ることができる。そして、国の立法不作為を問うことで、苦しんできた自分たち当事者の声やこれから語る問題意識を、議論に反映させることができる。ぼくたちの問題提起を社会が受け止めてくれたなら、訴訟にも勝てるだろう。

共同親権訴訟で何を訴えたい

もしこの国が単独親権制度を撤廃できていたら、いったいぼくと子どもたちは今とは違うどんな関係になっていただろうか。そう考えると、「失われた時」に対して国は謝罪し償ってほしいと思う。

提訴の記者会見で、記者の一人は「もし子どもと会えていたらどんなことをしたいですか」

と質問した。「父の日に似顔絵とか描いてもらえたらうれしかったですね」とぼくは答えている。仲間の一人は「特別なことをしたいわけじゃないんです」と強調している。つまりぼくたちにとっては、親子として普通にできることが限りなく遠い現実だ。

二〇一九年七月一七日、当時の上川陽子法相は記者会見で「親子法制の諸課題について、離婚後の単独親権制度の見直しも含めて広く検討したい」と言及している。記者会見でこのことへの見解を問われ、ぼくは「一〇年前も法務省は同じこと言ってましたよ」と答えている。実際一〇年前に法務省の民事局参事官室の役人はそう答えていた。そして二〇二〇年になって、大臣の諮問による法制審議会ははじまったものの、議事録を見る限り、共同親権の本質をあえて避けて通る議論しかなされていない。

戦後に民法が改正されてから、国のレベルで共同親権について言及したのは、面会交流の明文化や選択的夫婦別姓の答申がなされた法制審議会が一九九四年に、「離婚後における共同親権の制度（又は共同監護の制度）を採用すべきかどうかについては、今後の検討課題とする」とあるのが最初だ。それ以来の「検討」が続いている。

何よりもこのまま単独親権制度を維持し続けていいのだろうか。共同親権が日本に取り入れられたのは一九四七年に施行された改正民法において、民法八一八条に「婚姻中」の共同親権が明記されたのが最初だ。当時は男女同権の日本国憲法は世界で最新の憲法の一つだった。

以来七四年。他の国々が続々と共同親権へと家族法を変える中、日本だけが取り残された。

いったい「男は外で仕事、女は家庭で家事育児」という「伝統」と男女平等と優先すべきはどっちだろう。民法改正はやり残した宿題だ。

日本では別れたら母親が子どもを引き取るものという考えはまだまだ強い。ただ別居親に限らず、男性の子育ての分担はこの一〇年でそれなりに進んだ。ベビーカーを押す男性の姿はもはや珍しくないし、子育てをすると褒められる。ぼくは子どもと暮らしていたとき、ベビーカーで子連れであちこちでかけていたけど、当時はまだ珍しがられたものだから、この間の変化は大きい。

そんな中で、親が別れたら子どもにかかわれるかどうかは同居親（多く母親）次第と知って、男性たちは落胆している。二〇二〇年度の育児休業取得率は男性が前年度比五・一七ポイント増の一二・六％ではじめて一割の壁を越えたという。女性は八一・六％だった（厚生労働省の「雇用均等基本調査」）。だから「日本はまだまだ男性が子育てしていない」といっても、育休まで取った男性から親権を奪って子どもと引き離したらやっぱり残酷だろう。

共同親権は男女平等憲法の産物だ。もともと家父長のみに親権があったのが、女性へも親権保持の門戸を開放した。できるなら共同親権は単独親権よりいいという前提がそこにある。だったらそれを「婚姻中」のみに限定している理由は何だろう。夫婦が同居していても、子どものことを何でもかんでも話し合って合意を得て決めているわけではない。

子どものことでもめて「二人で決められないから」とすぐに離婚する人ばかりではない。婚姻は夫婦の間の問題だし、そんなことでいちいち別れていたら子どものためにならないと思うのは、さして変な考えとも思えない。子どもは両親から生まれたし、相手と自分は性は違っても子どもへは同等の権利がある。子どもからしたら親権があるなしなんて関係ない。それを共同親権と呼ぶとしたら、むしろ婚姻中のみそうしているのには理由があるからだということになる。

いずれ生まれる子どもと引き離されると思いながら、好きな人とセックスする人もいない。子どもがいたら愛情や自分の経験を伝えようとしたがる。なぜなら、両親から生まれて今の自分がいるからだ。誰もが親からは愛されたいと願っている。

セックスは男女の意思でできても、婚姻は法がその要件を決める人為的なものだ。そう考えれば、好きな人とセックスして子どもをなすという自由を、国に規制されることなく行使する前提として共同親権はある。それは誰もが自分らしい家族のあり方を作っていくために保障されるべき権利だ。

2　今の日本の家族のあり方、問題あるの？

なぜ拉致と批判されるのか？

二〇二〇年二月六日、衆議院議員の串田誠一氏のツイッターに「日本時間の昨夜、フランス上院議会で日本の実子誘拐に対する議定書を満場一致で可決したとの報告を先程頂きました。」と書き込みがされた。串田議員は共同親権を求めて、子の連れ去りに関する質疑を法務委員会で繰り返していた。フランスのリシャール・ユング上院議員からの陳情も受けてきたのが、彼のSNSを見るとわかる。

冒頭で挙げたスコット・マッキンタイアさんへの有罪判決を受けて一月末、オーストラリア政府は日本政府に対し実子誘拐に関して家族法改正を求めている。オーストラリア大使が法務大臣と会って単独親権制度への懸念を示したのだ。問題となったのは、マッキンタイアさんの日本人の妻が、彼の同意なく子どもを確保し、彼に居場所を知らせないことだ。

前後して日本の家族法をやり玉に上げる国際的な動きが強まっている。

EU議会では、日本人と結婚したEU加盟国の市民が、結婚破綻時に子を連れ去られ、会えなくなっている事態を受けて、日本における子の連れ去りと面会拒否を禁止する請願が審議され、二月一九日には被害を受けたヨーロッパの父親たちが日本の実態を証言している。ヒアリングした議長が「とても二一世紀の話とは思えない、一七世紀の歴史書を読んでいるようだ」

とコメントしている。決議では連れ去りは子どもへの重大な虐待として批判している。ドイツやイタリアは日本に行くと子どもが誘拐される可能性がある、と両国の外務省のホームページの海外情報で告知している。こういった注意書きは、イギリス、アメリカ、オーストラリアなど英語圏でも制度の違いがあるとしてなされている。

海外での日本の家族法や拉致の状況についての報道も盛んだ。こうした海外報道における非難の強さに接すると、「連れ去り」といった国内向けの用語より、「拉致」という言葉の方がしっくりくる。マッキンタイアさんの母国のオーストラリアの最大紙、"The Sydney Morning Herald" で読むのがたいへんなくらいの大特集をしている。一言でいって「日本は野蛮」というこういった海外で浸透しつつある認識を、しかしながら国内で報じるメディアはほとんどない。冒頭のフランス議会の決議も、どのメディアも記事にしていない。

日本政府が二〇一四年に、国際的な子の奪取の民事面に関するハーグ条約（以下「ハーグ条約」）に加盟したときも、同じようなパターンの国内外の報道格差があった。この条約は、子連れによる国外逃亡（いわゆる「高跳び」）の防止条約で、子どものことは元いた国の裁判所で決めるため、子どもの返還手続きを定めている。両親から養育を受けるのが子どもの利益だという共同親権の発想が背景にあり、実際面会交流の保障規定も条約にはある。

当時、ハーグ条約に加盟すればＤＶ被害に遭っている女性が日本に帰国できなくなると、条約への強力な加盟反対運動が起きている。「子連れ帰国は女性の権利だ」という主張をネットで見かけて驚いたものだ。連れ去りは海外では犯罪だからだ。

条約への加盟が決まったとき、アメリカにいる日本の通信社の記者から、別居親団体の代表として国際電話でコメントを求められたことがある。条約加盟は国際的な子の奪取の解決への第一歩だ。ただ問題は、国内のシステムが海外から批判されているということだった。そういう趣旨のコメントをしたけど、国内では報じられなかった。

問題が国内で認識されていないわけだから、七年経っても海外から批判を浴びるのは当然だ。そもそも二〇一九年に上川陽子法務大臣が単独親権制度の見直しに言及したのも、事前にEU二〇カ国が法相に申し入れた後だった。

ハーグ条約加盟後、海外から日本に子どもを連れ去られたアメリカ人の父親の一人は、母親の死後子どもと暮らす祖母を訴えた際、「日本はブラックホールのようなもの」とコメントしている。娘にとっては唯一の親なのに、会うのも叶っていなかった。そういった表現がどこまで遡れるかとネットを検索すると、二〇一〇年には、「子供拉致帝国日本」と印字した旗を掲げてのデモがワシントンで開かれていた。

ぼくが二〇〇八年に市民運動を始めてすぐに、在日の大使館がハーグ条約への加盟を求めてシンポジウムを毎年開いていたことを知った。この間日本をターゲットにした海外の国会決議や国内の大使館の要請は数えきれないほどたくさんあった。にもかかわらず何も国内の状況は変わっていない。

今においても「暴力的な夫からの避難だから『連れ去り』と呼ばないでほしい」という主張を見かけることがある。

でも、避難と説明できるからといって連れ去りという行為自体を肯定できるだろうか。精神安定のための喫煙だから、「受動喫煙」なんて言葉は使わないでほしいと言っても誰も納得しないだろう。結局のところ、そういった主張の背景には、「子どもを連れ去ろうが（母）親がやることだしたいしたことではない。被害なんて大げさ」という拭い難い心情がある。

加盟反対の論調の中では、海外で孤立した中、裁判手続きやその後の子育てをするのはたいへん、という主張も見られた。自分が海外に行って支援するのが筋なのにずいぶん手前勝手な理屈だなと、当時は感じた。少しは海外に子どもを返還する事例が出るようになったところで、国内で日本人と結婚した外国籍の父親たちにとっては何も解決しない。繰り返すけど、問題は国内のシステムなのだ。

先に連れ去った者勝ち

いったい何が問題か。それは単独親権制度のもと、子どもを確保した側に自動的に親権が行くという日本のシステムだ。家庭裁判所に行ったことがない人は、裁判所ではどちらの親に引き取られたほうが子どもにとっていいのかという点について、基準をもとに公平に判断していると信じているかもしれない。しかしそれはビギナーが陥りやすい勘違いの一例だ。

例えば、日本弁護士連合会（日弁連）の関連団体の、財団法人日弁連法務研究財団が編集した『子どもの福祉と共同親権』（日本加除出版、二〇〇七年）の記述。古い本だけど、ぼくが子どもと引き離されたその年に発行されている。

その本の一ページ目の「はしがき」の一行目から、「実務家である弁護士にとって、親権をめぐる争いのある離婚事件で、常識といってよい認識がある。それは、親権者の指定を受けようとすれば、まず子どもを依頼者のもとに確保するということである。その上で、相手方（つまり父か母のどちらか）にいかに問題があるかについての主張立証を尽くすということになる。」と書かれている。

この本は、こういった紛争を予防するために共同親権が必要だという趣旨で編集されたものだ。親権者のもとに子どもを確保すべく、ぼくの元パートナー側が提起した人身保護請求の裁判での元パートナー側の主張は、これに沿っている。親権者のもとに子どもがいる、母親が子どもを見るのが当たり前、というのだ。裏返せば、子どもを確保しないとまず男性は親権をとれない。実際、裁判所の親権指定は、九四％が母親を親権者にしている。

元パートナー側の弁護士は、善意で考えれば、ぼくの側に子どもがいる期間が長くなれば親権者が彼女からぼくへと移動してしまうことも恐れて、人身保護請求という強引な手段をとった。しかしそれは、どちらの側が子どもにとってふさわしいかということについて、法律家たちの間では判断基準がないということを示している。

ぼくたちのもとには、子どもと引き離された親が父親を中心に多く来る。裁判所の決定で別居親側で親権をとれたという事例を聞いたのは、一三年間で一件だけだ。「先に取った者勝ち」という野蛮な掟をルールと呼ぼうと思えば呼ぶこともできる。ただし、これが何十年も続く日本の状況を知って、ヨーロッパ議会では、「一七世紀の歴史書を読んでいるようだ」という発言が出た。日本の法曹界では、これは「監護の継続性の原則」という基準で説明される。

例えばアメリカの裁判所でも「継続性の原則」という基準はある。しかしそれは、同居期間中に子どもの養育にかかわった時間が、別居後の養育にも引き継がれるという意味で使われていて、使用方法が日本とは逆だ。紛らわしいのでぼくは、親子を引き裂いたほうにご褒美で親権を与えるという意味で、日本の基準を「断絶性の原則」と呼んでいる。

弁護士業界のネットメディアに、「弁護士ドットコム」というのがある。そこに弁護士へのネット上での相談コーナーがあり、二〇一五年五月に「二歳の娘に『生まなければよかった』と暴言を吐く妻――もし離婚したら『親権』は？」というタイトルの投稿があった。

妻は「産まなければよかった」「いらない子」「死んでしまえばいい」と娘を虐待していたようだ。それに対し、相談者の父親は、「私が親権をとりたいと考えていますが、こうした暴言があった場合、有利になりますか」と質問し、回答者の近藤公一弁護士（滋賀県弁護士会）は「もし、親権を確実にとりたいというのであれば、離婚前に妻と別居して、夫が娘と暮らし、実母の協力を得られている生活環境を作ったほうが良いでしょう（監護の継続性）」とアドバイスしている。

この弁護士は小さな子どもに適用される「母性優先の原則」にも触れつつ、暴言については「教育の一環としての躾なのかわからず、妻の監護能力を否定することにはな」らないので、それだけでは有利とは言えないとはしつつ、確実な手段として「監護の継続性」になる状態を「作り出す」ように勧めているのだ。

回答は「ただし、別居の際、妻から娘を勝手に連れ去ったと言われないように配慮してください」で締められている。つまり「連れ去り」はよくないので、そう見られないようにしろと脱法まで指南する。これが現在の法律家の一般的なアドバイスだ。

子どものためには、お母さんが虐待せず、両親の仲がよいに決まっているとぼくは思うのだけれど。

「原則面会交流実施論」って何？

「週刊金曜日」という「リベラル誌」がある。かつて市民運動の機関誌としてジャーナリストの本田勝一氏などの肝いりで発行されたもので、ぼくもときどき仕事をもらって書いていた。その二〇一七年五月一九日号で「『親子断絶防止法』はだれもためのもの？」という七ページの特集記事が組まれた。その中では冒頭弁護士の斉藤秀樹氏が「問題のある別居親のための法律は必要ない」と主張していた。「親子断絶防止法」は当時議員立法での立法が目指されたもので、反対を受けてお蔵入りした。

週刊金曜日の記事も反対の立場からのもので、斉藤氏は「現在、家庭裁判所では、別居親から面会交流の申立があれば原則として面会交流させる方針をとっており、監護親からＤＶ・虐待等の訴えが出ていても子の福祉に反することを立証できない限り面会を認めている」と述べていた。だから今現在会えていない親たちは「問題のある別居親」だという。こういう主張は反対論のベースだ。本当にそうだろうか。

もともと家庭裁判所は対審構造の民事裁判と違って、裁判官の権限の強い職権主義なので、そもそも挙証責任など問われないし証拠調べもない。

斉藤氏の主張の根拠は、二〇一一年五月二七日に参議院で成立し、翌二〇一二年四月から施行された改正民法七六六条である。民法七六六条というのは、協議離婚時には、子どものことは話し合って決めるというだけの条文であり、話し合いがつかなければ裁判所が決めるとなっている。この条文に、「子の監護に要する費用の分担」、つまり養育費と、「父又は母と子との面会及びその他の交流」、つまり「面会交流」と呼ばれる別居親側の養育時間が文言として付け加えられた。以来裁判所が子どもとの面会を押し付けてくる、それぞれ事情があるから一律に適用するのはいかがなものかと、その後の日弁連のシンポジウムで弁護士たちが不満顔で壇上でしゃべっているのを聞いた。こういった主張は、現在も法制審議会で続けられている。事情があるのは養育費の未払いの人間だって同じだ。しかし養育費の徴収強化はとられる側の生活破綻などそれぞれの事情を考慮されずに議論されている。

二〇一六年度の全国ひとり親世帯等調査結果報告（厚生労働省）によれば、母子世帯の母の面会交流の実施状況は、「現在も面会交流を行っている」が二九・七％で、「面会交流を行ったことがある」の一九・一％を合わせても四八・八％でしかない。つまり、母子世帯の五割が子どもを父親に会わせてみたけど、二割は途絶えている。ちなみに、民法七六六条が改正・実施される五年前の二〇一一年の調査では二七・七％でわずか二％しか伸びていない。

これが父子世帯の場合は「現在も面会交流を行っている」が四五・五％、「面会交流を行ったことがある」は一六・二％となる。この問題では、女性が被害者ということを前提に、あたかも父親に会わせることが母子家庭の生活を乱すかのように主張されることが多い。数字だけ見ると、母子世帯は父子世帯よりも一五・八％も会わせていないので、「問題のある別居親」は父親のほうが割合が高いとも言えそうだ。

ただし、別れても元パートナーに子どもを会わせる友好的な親は男性のほうが多い。母親の方が会いに行くというのもある。それでも子どもから見れば父親に引き取られたほうが、父母双方と交流を持てる確率は格段に上がることになる。

では、面会交流の取り決めはどの程度なされた上でのことだろうか。母子世帯の母が取り決めをしている割合は二四・一%。そのうち九六・六%が裁判所での何らかの取り決めや強制執行付きの公正証書などの文書がある。これが父親の場合は、一七・三%に取り決めがあり、文書があるのは七一・六%、裁判所での取り決めや公正証書は四八・八%で文書なしの場合も二七・四%ある。

こうやって見ると、父親の場合は口約束でも一定程度母親に子どもを会わせる、あるいは別れても子育てで元妻をあてにする。しかし、母親の場合は裁判所の決定を経た末に子どもを会わせる割合が低いし、取り決め通りにならない割合も母親のほうが高い。

そうはいっても、裁判所に行けば取り決めもできて、約束も守られると思うかもしれない。司法統計を見ると、二〇一九年の面会交流の調停・審判の新受件数は、合計で一五・五一二件（調停一三、四三三件、審判一、九七九件）となっている。この年の調停・審判で成立・認容件数は八、〇五八件（調停七、一〇四件、審判九五四件）。成立・認容件数を新受件数で割ると五一・九六%。

成立・認容は前年以前から継続しているものも含まれている。そこで目安として申し立てたうち何らかの取り決めができる割合を「取り決め率」とすると、せいぜい五割を少し超える程

図①

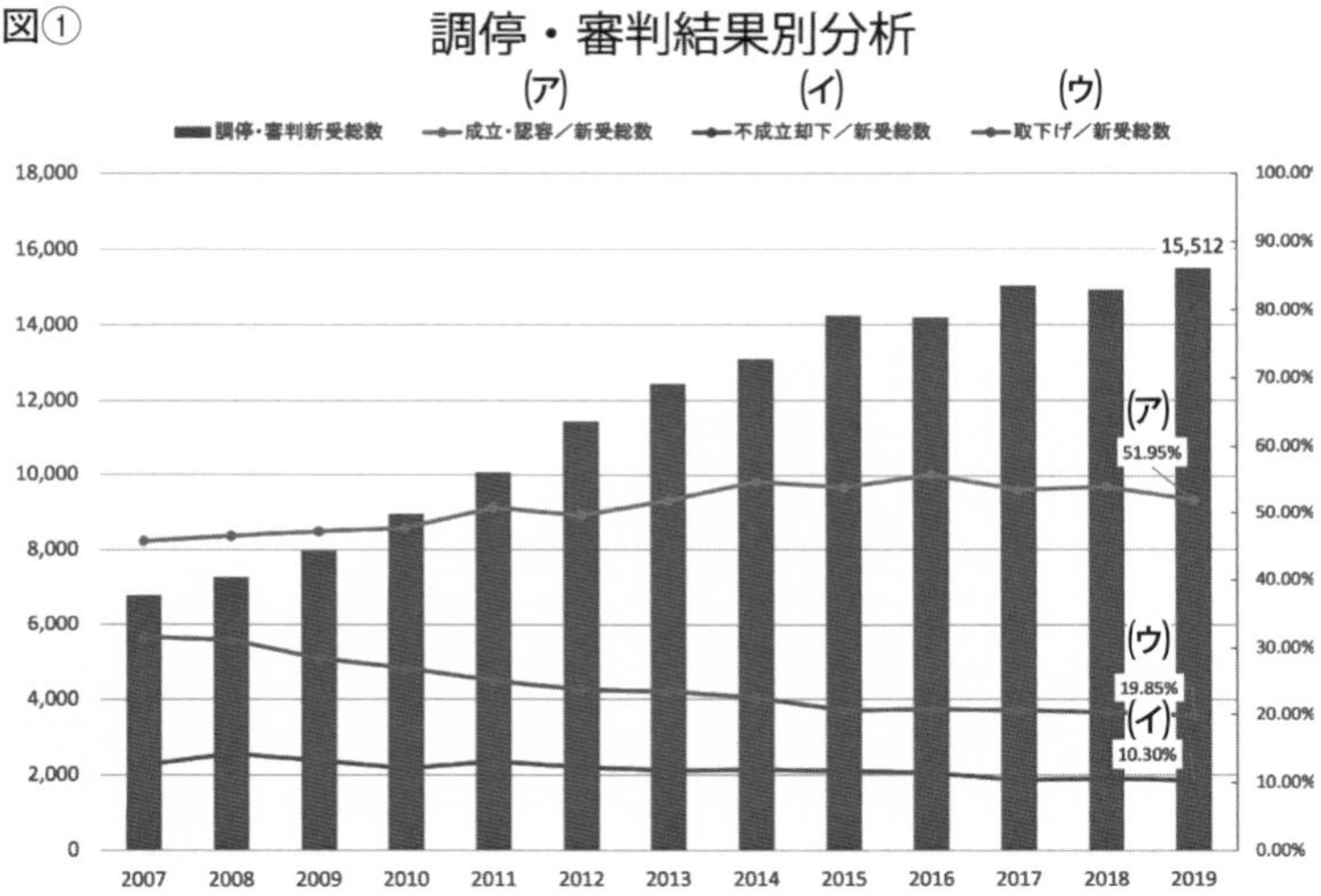

度だ。この中には離婚事件の中で面会交流の取り決めがなされたものについては含まれていない。司法統計では、調停離婚、協議離婚届出の調停成立、または調停に代わる審判による審判離婚の事件のうち、面会交流の取り決めがあるものの頻度の内訳を集計している。二〇一九年に取り決めがあったのは一一、七六一件で、月一回以上が四、九九六件で四二・五％、月二回が九四〇二件で七・九九％。週一回以上は二五八件で二・一九％しかない。ちなみに宿泊ありの取り決めは九六二件で八・一八％となっている。頻度の中には「その他」の項目も一、一一四件で九・四七％ある。この中には手紙や写真のやり取りなどの「間接交流」も含まれているだろう。新受件数のうち、不成立・取り下げの割合は三〇・一四％で、実に三割が裁判所の調停・審判では見込みがないと諦めている。

図②

オーストラリア・日本の面会交流状況比較

２週間に一度以上がオーストラリアは 50% を超える※1 が、日本は 10% 程度※2

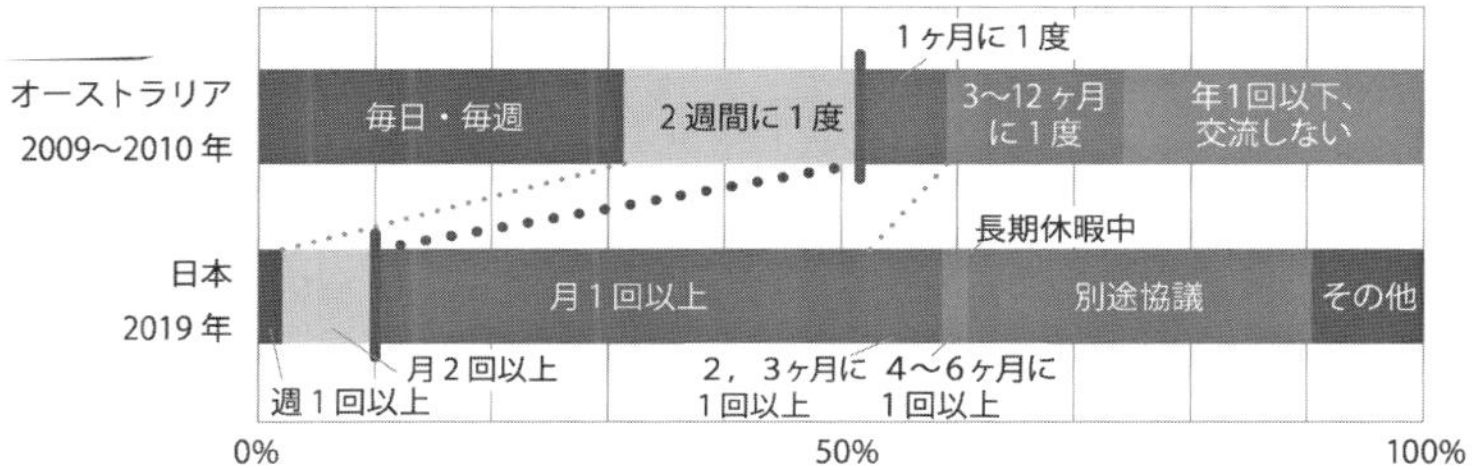

※1 法務省 2014 年「各国の離婚後の親権制度に関する調査研究業務報告書」から
※2 2019 年 司法統計から取り決めの内訳

「原則面会交流」と主張するその割合がどの程度か知りたいけれど、一度もデータを示しての主張を聞いたことがない。

週刊金曜日の議論は、オーストラリアの法律を研究し、共同親権に反対の論陣を張る大阪経済法科大学の小川富之教授の主張をベースにしている。

その小川氏の論文「オーストラリアの離婚後の親権制度」でも、二〇〇九〜二〇一〇年の調査で、別居親と子の交流頻度は、毎日・毎週三二・四%で、日本の家裁で毎週の取り決めができる割合が二・一%だから比較にならない。オーストラリアでは二週間に一度が二〇・二%、一カ月に一度七・五%となっていて、当時でも別れた親のうち三%が平等に子の養育を分担する取り決めをしていた。日本で面会交流の実施割合は三割。図②で日豪を比べると、二週間に一度以上がオーストラリアは五〇%を超えるが、日本は一〇%程度。オーストラリアの数値は実数だけど日本は取り決めの割合で、そのうち四割が守られなくなっている。

オーストラリア政府はマッキンタイアさんの事件に際し、日本の単独親権システムを批判し、家族法の改革を要求している。にもかかわらず、オーストラリア研究者として、オーストラリアの法改正を根拠に、小川氏は共同親権に反対し、週刊金曜日だけでなく、赤旗紙（共産党の機関紙）や毎日新聞、東京新聞などが、彼の主張を紹介してきた。印象操作するほうも、のるほうも、プロ意識が欠けているというか不誠実だろう。

さらに暗然とする事実を示せば、日本では月に一度といっても、家庭裁判所が斡旋するのはせいぜい二～三時間だ。こういった家裁の基準を「相場」と呼びはじめたのはぼくだ。ところが最近では調停委員に、「月に一回が相場」と言われたという相談を受けるようにもなってきた。面会交流について、裁判所にアンケートを送ったり、国会での質疑を見たりすると、「個別の実情に応じて判断している」と判で押したような回答を見ることが多い。であれば「相場」と緊張感のない言葉を裁判所職員が言うのはなぜだろう。

家庭裁判所に子どもに会いたいと申し立てても、せいぜい五割程度しか取り決めができず、その頻度も運がよくて月に一回二時間程度が四割。別居親たちの話を聞いていると、この頻度と時間では、同居親が面会交流に積極的でない場合、子どもとの関係を維持するのが難しく、子どもが中学生になると途中で途切れる場合が少なくない。

この感覚はデータからも裏付けられ、先にも触れた日弁連が二〇一四年に行った調査では、面会交流について回答のあった一一二人のうち、調停での取り決めがありながら「まったく面会ができていない」の割合が四四％となっている。家裁で話し合って取り決めをしても、実際には半分近くの親子がその後会えなくなっている。

このときの調査で面会ができない理由として挙げられたのは「子どもが拒否する。または子どもと同居している親から本人が拒否していると聞いている」が三七％と最多。「同居する親が子どもと会わせてくれない」が三一％を占めている。日本の裁判所では中学生になると子どもが「会いたくない」と言うと「履行不能」として強制執行がかからない現状がある。実際ぼくもそうなった。

民法七六六条が改正された二〇一一年には、「取り決め率」は四八・八六％で、「面会交流」が明文化された効果は八年間でわずか三・二％の上昇しかしていない。その上、二〇一九年度は、コロナの影響か、前年より一・二ポイント取り決め率が下がっている。得られたデータを俯瞰して見ると、とても家裁の運用が「原則面会交流実施」とは言えないように思える。

同居親が面会交流に否定的な場合、家裁が「月に一度程度だったら」と説得するのはあるだろう。しかし、別居親には「月に一度でも会えないよりいいでしょ」と言っている。どうしても会わせたくないと言い張ると、別居親の多くは途中であきらめる。

これまで「面会交流が同居親の意向次第」というルールが、多少月に一度二時間程度の取り決めを押し付けられる割合が増えたからといって、それを「原則面会交流実施」とさも嘆かわしいことであるかのように言うのはどうだろうか。

連れ去りは「日本の伝統」なのか？

データを見る限り週刊金曜日の報道は客観報道とは言い難い。しかし、男性や別居親をとりわけ危険視する記事は他の大手紙でも掲載されていた。子育てというこれまで女性の領分とされてきた分野を犯そうとする男性たちの意思表示に対する、感情的な反発にぼくには見えた。この企画を組んだのも女性の編集者で編集長も女性だ。

逆に、男社会である職場に女性が進出してきたとき、男性たちが「権利権利ってうるさいよ」「そんなことより先にやることがあるだろ」と言われて嫌な思いをした女性は多いだろう。だから、それを開き直って「文化」という主張が女性から出てきたときには唖然とした。

民法七六六条が施行された翌月の二〇一二年五月二二日、オーストラリアのＡＢＣ放送は、日本で横行する親による子の連れ去りについての番組の中で、当時民主党の衆議院議員だった井戸まさえ氏にインタビューしている。

井戸氏は、出産が前夫と離婚後二六五日だったことで民法七七二条の「三〇〇日規定」に抵触したため、芦屋市役所から要求された、前夫を父とする出生届の提出を拒み、子どもが一時無戸籍状態となっている。このことで現夫との親子関係を強制認知するよう求める裁判を二〇〇三年に提訴し勝訴。民法七六六条の改正時にも、離婚届けに面会交流と養育費の取り決めのチェック欄を記載するよう、国会で質問していて実現している。

民法では婚姻中は子の父を夫としている。七七二条は父子関係に混乱を生じさせないため、妊娠期間である約三〇〇日の間に生まれた子どもは前夫の子どもとする規定であり、言わば婚姻制度を維持するためのものだ。彼女も硬直した家族法の改革を政治家として目指したのだろう。

「欧米の方々が連れ去りっていうところが、日本人の人は当たり前に……例えば離婚をするその前後に、お子さんとお母さんが例えば実家に帰るっていうのは当たり前の文化なので、置き手紙で、私の場合もそうでしたけども、言ったけども、どこにいるのかわかるし、安全なところにいるってことで、逆に夫の方も、そういう意味では多くの方が認めていることだと思うんですよ。なので、例えば誘拐だとか、犯罪っていう風に、思っている人たちは少なくて、むしろそれは、悪いことだという意識はないですよね」

家庭裁判所への面会交流の調停・審判の新受件数の総数は、二〇一一年の一〇、〇六九件から二〇一九年の一五、五一一件とおよそ一・五倍に上がっている。面会交流の調停・審判というのは会えないから申し立てるので、その件数の伸びは、連れ去り被害の件数の増加、あるいは引き離されたことを被害と認識する親の数の増加を示している。（四八ページ図①参照）

二〇〇一年には家庭内暴力の被害者保護の仕組みとして、保護命令による家族分離が法制化されたDV防止法が制定された。制定翌年の新受件数の総数は三、八五四件なので一七年間で四・二五倍となっている。この年の「取り決め率」は四七・六三％で二〇一九年までの増加幅は四・三一％。件数が約四倍になっているのに、家裁の取り決め率の上昇幅は四％でしかない。だから、家庭裁判所に不満を持つ親たちの数が年々増えるのは当たり前だ。

DVに関する法制度の運用の実態は後に説明するけれど、年々増え続ける連れ去り行為に不満を持つ親たちに対し、「悪いことだという意識はないですよね」と言えば挑発になる。井戸氏も先の発言で、在留外国人で子どもを妻に連れ去られた父親たちのデモで、顔写真にバッテンをされて掲げられていた。

DVが犯罪化されていく過程でも、家族間の暴力への無自覚さが海外で問題になったことはある。例えば、一九九〇年にカナダで起きた事件では、五一歳の日本大使館の領事が妻を殴って地元の警察に逮捕され、そのとき彼は「日本では古来から夫が妻を殴っていいのだ」と主張して彼の地でバッシングされている。夫が妻を殴るのが犯罪なら親が子どもを連れ去るのも犯罪だろう。

夫が妻を殴っていいと領事が言ったのが二一年前、連れ去りは文化だと国会議員が言ったのが九年前。どちらも海外での日本への印象を悪化させただろう。

実際、国内拉致問題に対する国内外の認識ギャップは年々大きくなっている。二〇一九年八月のG7に先立って、アメリカのトランプ大統領が、「北朝鮮の拉致問題を提起した日本を支持してきたが、まずは誘拐されたアメリカの子どもたちをアメリカに返すのが先だ」とコメントしている（八月二二日ワシントン・ポスト）。

子どもを連れて母親が実家に帰るのが文化だったかというのもちょっと怪しい。「女は三界に家なし」という言葉があるくらい、むしろいったん家を出た娘が、昔は再び実家の敷居を跨ぐことは戒められていたのではないか。

女性たちの男女平等の取り組みの中からDVは犯罪化されてきた。だけどその女性たちが逃げ込むのが結局は家制度なら、DV男を支えているのは、それを批判してきた女たちだということになる。

男女平等憲法でも温存された単独親権制度

現在、離婚時に親権を取得する割合は女性が約八割（二〇一七年で八五％）で推移していて、家庭裁判所の手続きを経るとその割合は九四％となる。「子どもは女が見るもの」という固定観念は「文化」と言える程度に定着しているのかもしれない。でもそれに「固有の」と枕詞をつけられるほどに歴史があるかと言えば怪しい。

民法上の単独親権制度は明治民法ができて以来の歴史だ。内容は、天皇の臣民簿として明治時代にできた、世帯を登録の単位とした戸籍制度に合わせたものになっていて、それが今も基本路線として継続している。

何しろ現在の戸籍制度の元になった壬申戸籍ができたのが、一八七二年（明治五年）、民法ができたのは一八九八年（明治三一年）。民法は身分関係を規定する実体法で、戸籍はその手続法のはずだ。なのにその起源からして倒錯した関係になっている。戸籍の形が身分関係を規定している。

単独親権制度も戸主である家長に、氏を同じくする家（戸籍）の決定権を付与していたのが起源だ。家長は支店長みたいなもので国の機構の末端だ。戦後男女平等の日本国憲法が一九四七年にでき、「婚姻中」のみ共同親権になった。戸籍は戦争を支えた家父長制的な封建制度として批判を受けたものの、三代戸籍が廃止されて父母と子という単位で生き延びた。親どうしの関係については婚姻中のみの平等性が共同親権という形で担保された。つまり単独親権制度は、婚姻外の親子関係に限定して存続した家制度の残滓だ。そういう意味では、婚姻においては氏を同じくする戸籍のルールが温存された夫婦同姓の強制と同根で、単独親権制度こそが家父長制である。

家族関係における男女平等規定を持つ憲法は、当時、最先端のものだった。ただ、別れた親どうしの間での共同子育てという想定自体が、当時の民法学者にはできなかったようだ。子どものことで親どうしの意見が別れたときの調整規定もなく、民法はそういう場合の「選択肢」として、離婚で親権を一方にすることしかできない。

女性が親権をとれるという意味での平等性は担保されたものの、婚姻内外の不平等については深い議論もなく、非婚（離婚、未婚）においては単独親権制度が残された。結局、一夫一妻の婚姻制度を維持することに疑問は持たれず、婚姻外の親子関係を例外とするのは差別だと感じられることもなく、一部共同親権をとり入れ家父長制が温存された。

明治より前の子育てのあり方がどうだったかと言えば、幕末に訪日したイギリスの初代駐日総領事のラザフォード・オールコックは、江戸の街角や店内で、子どもを抱いてあやす父親の姿を書き留め、『幕末日本滞在記』にイラストを掲載している。専業主婦という言葉は高度成長の時代の日本で価値が高まった言葉だろうけど、やはり江戸時代においては手に職をつけて仕事をする女性の姿を『花容女職人鑑』で歌川国貞が浮世絵として切り取っている。身分によっても男女の子育てへのかかわりに違いもあっただろう。

家長は国家機関の末端だ。世帯単位の戸籍を通じて国は家長に家庭の経営をまかせてきた。子どもはどこかの世帯に属させることしか想定されていない。親子の引き離しは世帯外の問題で問われない。

戦後においても、家父長制の伝統から女性が事実上親権をとることは難しかったようで、親権取得率の男女の割合が逆転するのは一九六六年だ。

先にも述べたけど、ぼくの父親は、自分の父親（ぼくから見たら祖父）を戦争で亡くしている。父の母（ぼくから見たら祖母）は戦後再婚したけれど、子どもは「家」に残されるのが当時普通だった。だから、父の祖父母の養子に父は入っていて、母親とは引き離されている。親よりも家のほうが強かったからだ。結果的に祖母は親権を得られず、「こぶ付き」では再婚もままならず、もちろん子どもを連れ去ったところで、女性が一人で生きていけるだけの社会環境は整っていなかったことだろう。

そうやって見ていくと、連れ去りが「文化」と言うのは、固定した性役割を反映して短期間で作り出された「伝統」だ。だとするとなぜ単独親権制度は残されているのだろうか。当然出てくる疑問だ。

裁判所と弁護士会は拉致推進勢力

一つには強力な抵抗勢力が国内にはいる。思想的に家制度の護持を唱える保守派はいる。家庭を壊して離婚するなんてとんでもないという人は、単独親権制度は家を守るために必要だと思うかもしれない。ただ、共同親権に強力に反対してきたのは、フェミニストや「シングルマザー」の中からで、ＤＶや虐待の危険性を理由に挙げてきた。彼らの主張については後に取り上げる。

それとは別に、「法律の専門家」として一般に認識されている司法業界の関係者に単独親権制度の擁護者が根強くいる。それは、裁判所の裁判官や職員というだけでなく、法務官僚や、憲法や民法の御用学者、さらには離婚事件を扱う弁護士たち、「法律村」の住人だ。ことこの問題に限っては、子育てしたい男性に敵意を向けてきた。

民法七六六条が改正される直前、子どもと引き離された親たちの運動や、日本がハーグ条約に加盟することを求める外圧は、今と同じように強かった。その結果、日本は親子関係を保障する担保法が国内で何も整っていないのにハーグ条約に加盟し、その代わり「面会交流」を明文化する民法七六六条の改正を行った。

民法を改正するには、通常事前に法務大臣の諮問機関である法制審議会での議論がなされる。すでに述べたように、二〇一一年の改正の一五年前の一九九六年に、選択的夫婦別姓についても答申した法制審議会の民法改正要綱案の中に、改正後の民法七六六条の規定が盛り込まれていた。

民法七六六条が改正された後、もっと立法趣旨を尊重して裁判所は面会交流を強力に斡旋・指示すべきだと、別居親は調停や審判で主張したりした。こういう経過があったので、調停の席に裁判官が出てきて、「今回の法改正は裁判所の実務が法制化されただけ」と、その効果を限定するような発言をしたという体験談を聞くことがあった。

当時は民主党政権で、法務大臣は裁判官の経験もある江田さつき氏だった。無断での子の連れ去りについて不適切と言及し、家庭裁判所が親子関係維持のために主導的な役割を果たすことを国会答弁で述べている。ただ、裁判所の裁判官の認識では、法改正は自分たちの慣行を明文化しただけで、事実上の運用の変化はないと言いたかったのだろう。

実際、かつては「面接交渉」と呼ばれた面会交流を調停や審判で取り決める実務は、家庭裁判所の中で始められ定着した。以前は女性が親権をなかなかとれなかった。だから面接交渉の最初の実務も、親権をとれなかった母親が申し立てた事件に対するものだ。一九六四年に調停離婚で親権者となった父親に対してなされた裁判所への訴えに対し、一審は月一回の面接交渉を認めている（抗告審では面接交渉は否定された）。この二年後、親権取得率の性差は逆転し、女性が親権をとれる割合が高くなる。

子の連れ去りについていえば、裁判所はむしろそれを促してきた。一九七〇年代に起きた「K子さん事件」はその代表的な事件だ。未婚の母の幼稚園教諭のK子さんが産院を退院するとき、当初は中絶を強要しようとした子の父親とその妻が子どもを誘拐し、S夫妻に渡し、S夫妻は実子として勝手に届け出る。大阪地方裁判所堺支部は「働きながらの未婚では母親として不適格」とS夫妻を勝たせ最高裁で確定している。ぼくはこの事件のことを、ライターで戸籍研究家の故佐藤文明さんから教えてもらった。

今から見たら無茶苦茶な判決に対し、当時も女性たちが支援してK子さんの子どもを連れだした。「今もどこかで暮らしているんでしょう」と、佐藤さんは思い返し、「家と家との争いになった側面はあった」と感想を述べていた。

子どもの奪い合い事件に対し、家庭裁判所は子どもを手元に置いたという既成事実を追認して未婚の母への偏見でそれを正当化したし、今は「子育ては女の仕事」と女に単独養育を押し付けている。親どうしの優劣がつけられない場合、基準がないので性差別を理由にして揚げ足をとって親権をはく奪する。K子さんが子どもと暮らせたのは支援があったからだけど、逃げ隠れ続けなければならず、それは今の支援のあり方と共通する。

もちろん、家制度は戦後否定されているけれど、子どもがいて家名が存続できる側の親のどんな行為も容認されている。男女平等よりも彼らの中に染み付いた家制度の思考方法、つまり伝統が優先される。裁判官の言う「裁判所の実務」というのは、この延長にある。

結局、裁判所は、面会交流の頻度や時間について月に一回二時間の枠を超えてまで踏み込もうとしない。この頻度に科学的根拠はなく、あるとするなら給料の支払いに合わせて支払われる、養育費の支払いの頻度と同じという理由だ。だけどお金は月に一度受け取っても毎日のように使う。子育ては月に一度会ったからといって、それ以外の日に時間を分散できたりしない。

裁判所や法務省が国会で答弁しているのを聞くと、裁判所の決定について「個別の事情」という言葉で説明している。「だったらなんでうちの事例で月に一度になるのか」と知り合いの父親が不満を述べていた。

月に一度という面会交流の回数を弁護士の棚瀬孝雄さんは「最小面会」と呼んだ。もめているると裁判所が判断すると二か月に一度にされる。ぼくの最初の裁判所決定もこの頻度だった。ぼくが子どもを引き取って子育てし、その後人身保護請求をされて子どもを引き渡して、二年後に出た決定がこれだったので、裁判所の職員というのは人間の心を持ちあわせていないのだろうと当時思った。

会わせたくない親がこういった裁判所の相場を知っていると、回数を減らすためには相手に対して暴言を吐くなり虚偽の主張をするなり、挑発すれば対立を煽って、協力関係が難しいと印象付けることができる。そういった場合でも最近は、子どもを会わせないと裁判所では不利に働きかねないと弁護士はアドバイスする。

そこで家庭問題情報センター（ＦＰＩＣ＝エフピック）が登場する。このエフピックの支援の頻度が月に一度三時間を上限としているため、裁判所での取り決めが「最小面会」となっている。エフピックは家庭裁判所の調査官出身者で運営されている。つまり、裁判所ＯＢの再就職先確保のために裁判所の頻度は決められ、裁判所が月に一度二時間の頻度を決めれば、裁判所職員のＯＢの小遣い稼ぎになる。

ぼくの友人は一審で隔週六時間という頻度が決まったのに、高裁では月に一回三時間に短縮され、どちらかが望めば父子交流に付き添いを付けることが可能になった。つきそいを望むのは母親しかいないから事実上の監視だ。母親側が指定してきたのはエフピック。エフピックのスタッフに「私たちのところを利用するようにという審判書になったわね」と笑われたという。こんなわけだから、裁判所が「身内」に損をさせてまでこの頻度を変えることはない。アメリカなどでは、共同養育における時間配分について、子どもの年齢やライフスタイル毎に、裁判所や行政がモデルケースを複数紹介し、親たちはそのどれかから自分たちに合ったやり方を選んでいる。例えば、最低限の権利としての「相当な面会交流」の場合、各週末三泊四日、平日の食事と長期休暇中の宿泊で、年間一〇〇日以上とされる。月一回二時間×一二回＝二四時間の一〇〇倍だ。これが「少なすぎる」と父親たちは、均等な養育分担の共同養育を求める運動を続けている。

養育費については算定表があるのだから、日本でも個々の事情に応じたというならアメリカのようにモデルケースを示せばよい。その提案を裁判所は一〇年以上無視している。弁護士会では、毎年、日弁連の家事法制委員会が家族法の改善を求めて政策提言をしている。時々両性の平等委員会や子どもの権利委員会も加わってシンポジウムを開く。だけど一度も共同親権について推進しようというシンポを見たことがない。彼らのケース検討で紹介される事例は多く、連れ去り事件の末の親権争いで、まったく自分たちのやっていることに自覚がなかった。

彼らは養育費や婚姻費用についての取り組みについては、徴収強化や算定表の高額化などを積極的に提言し、そういう場合に、同居親団体の代表者を登壇させる。一度、今は共同親権反対の論客として登場する弁護士の吉田容子氏が、同居親へのアンケート結果を発表していた。子どもを会わせない理由の「腹いせ、仕返し」について「それにも理由があるんですよね」と擁護していた。養育費の未払いだって「腹いせ、仕返し」というのがあるだろうけど、それも理由がある。

子どもを人質にして、慰謝料や婚姻費用などの金銭をとるのが彼らの手腕の発揮どころだから、共同親権になって連れ去りが規制され、互いに協力できる親が増えたらそれができなくなる。

日弁連はハーグ条約の加盟に反対するための意見書を取りまとめている。三年という猶予期間まで提言しておきながら、批准後は、すぐにハーグ条約に基づく国際調停の受託事務を日弁連が引き受けていた。「やっぱり金か」と思ったものだ。

進化する引き離しの手口

実際に、弁護士たちが親から子どもを引き離すなんてあるのだろうか。

そう思う方のために、弁護士がどうやってそれを実行するかのやり方を簡単に説明してみたい。民法七六六条が改正されて、裁判所の職員は曲がりなりにも親子の関係維持は必要だと口では説くようになった。そういった裁判所の実務の変化に伴い、弁護士たちは抜け穴を探すように、引き離し手法を発展させてきた。

実際には、弁護士がついていない家事事件も多く、その場合には「会わせたくない」という同居親の感情がいまだに通用する。要するに理由はない。

この感情は仕返しや腹いせとして説明できるだろうし、同居親側に聞くと、「子どもが父親（母親）の側についてしまう」というありそうな感情を言われることがある。ぼくも同居親だった時期があるので、こういった感情が湧いてくるのはわかる。

しかし、法律家の弁護士が同居親側についていると、それだけでは裁判所では通用しないと知ってはいる。ぼくも「会わせたくない」と周囲に言ったとき、シングルマザーの支援にかかわっている人から「じゃあ向こうに子どもを渡したら」と言われたことはある。

弁護士の場合、感情以外の何らかの理由がなければ「わがまま」「幼稚」と見られて、裁判所が味方してくれなくなり、そうなれば離婚や金銭など、同居親側の利益も実現できないことを知っている。あまりやりすぎると、弁護士としての仕事がしにくくもなると考えることもあるかもしれない。

そこで、裁判所も一応は考慮しなければならない理由を出し、それが通用するとなると弁護士内部で情報を共有して、一時的にその手法が流行る。

例えば、対立を煽るというやり方。

一般的に裁判というのは、自身が正しいと主張し合うことで相手に勝つことなので、対立するのが当たり前だ。刑事や民事では宣誓させられてウソを言えば一応は偽証罪に問われることもある。しかし家事の場合はそれがない。過去の損害や罪を認定するための刑事や民事の手続きと違って、将来のことを決めるのが家事の役割で、過去のことにそんなにこだわるなということなのだろう。

とはいえ、子どもを連れ去られた上に、やってもいない暴力行為を主張されて虐待の加害者にされたり、相手が不倫をして家庭を壊した側なのに、逆に婚姻費用を申し立てられたりすれば、言われたほうは頭にくる。その時点で子どもと引き離されていたりすると、理不尽さから「あなただって……」と言い返す。すると、「対立が強いから協力は無理」と裁判所が子どもの引き離しにお墨付きを与える。

ぼくも向こうが会わせるという約束をして子どもを引き取ってその後会わせなくなり、詐欺だからおかしいと市民運動をすると、「運動はやめてほしい」「冷静な話し合いがしたい」と言われたことがある。調停委員も調停の間だけやめてくれればと言い、断ると審判になり、回数は二か月に一回になった。弁護士の間には、調停の間は子どもを会わせなくていいという慣行があり、それを平気で主張してくる弁護士もまだいる。

「対立を強める」ということが目的だから、反論をするとその当否ではなく「ＤＶの証拠」と主張されることになる。立証義務が課せられない家事事件の手法を最大限に生かして揚げ足をとる弁護士が、家事事件に慣れた弁護士だったりする。

そして、裁判所には基準がないので、裁判官の中には、こういった主張を公平さの観点から扱える人が少ない。公平さという観点から使える法律もない。同居親の弁護士の中には、子どもを引き離し長く確保しておけば親権がとれるということを知っていて、あえて何も主張せず、別居親側の連絡を無視し続ける人もいる。こういった手法は、「代理人」としての弁護士の職務怠慢にも思え、実際、「誠実協議義務違反」で違法と認定された弁護士もいる。ところが、「モラハラ夫には対応しない」という考えだと、こういった手法も筋が通っている。

インターネットでは、「モラ夫バスターな日々」という、弁護士が原作の四コマ漫画の連載がある。横柄な夫の「あるある」を題材にしている。その漫画家の元夫から詳しく話を聞いたことがある。もちろん彼も夫婦関係に悩んでいたけど、その作者の弁護士も以前から有名な離婚弁護士としてぼくは知っていた。漫画でも「日本男性の八割がモラ夫」という吹き出しもあり、弁護士がクライアントの話を聞いて、自分の主観で夫の振る舞いを「モラハラ」に認定しているのがよくわかった。

実際には、家事事件の手続きに不慣れな弁護士が、子どもと引き離された親の感情も考えずに、教科書通りに、クライアントに有利になるための金銭の請求や、裁判所の相場通りの主張を不用意にして、対立関係を強めることがある。こういった弁護士は「こじらせ弁護士」と呼ばれている。

母親（父親）が「会わせたくない」だけでは通用しないとなったので、弁護士の中には「どうやって子どもに『会いたくない』と言わせるか」をクライアントと相談する。実際に友人が家庭裁判所の待合室で、弁護士と母親が相談していたのを聞いている。そんなに難しいことではなく、別居親に対して「嫌だね」「怖いよね」と刷り込んだり、別居親の話題を出せば嫌なそぶりを見せたりすれば、子どもは忖度して「会いたくない」と言い出す。

同居親側の弁護士が子どもに尋問することもときどき聞く。ぼくも子どもと会っているときに、子どもが「（千葉県の）マザー牧場に行きたい」と言ったので、元妻側の弁護士に伝えて時間の延長を申し出たところ、その弁護士が直接子どもに電話をして「意向を確かめた」。と言えば聞こえはいいけど、実際には母親が電話を取り次ぐし、弁護士は母親側の意向を叶える側だというくらいは子どももわかるので、「行きたい」と言うわけもなく、あきらめさせられた。こうなると尋問だ。

最近では、子どもを病気にさせるのが流行っている。やたら「子どもが発達障害だから」という主張が、同居親側の弁護士から聞かれるようになった。

こういった主張は、別居親の来訪が子どもを不安定にするという理由で正当化される。これは、障害のある子どもを親から引き離すという点で、障害者差別だけど、そもそも面会交流を求めるという主張が迷惑だという前提だと、差別に感じられない。

逆に、別居親側が適応障害で感情が不安定だと、それを理由に会わせないこともある。病気の親に子どもを会わせるのは人道に叶うようだけど、法律村では逆だ。

もちろんこういった引き離し手法の犠牲者は父親のみならず母親もそうだ。中には父親が養育費を支払いたくないから連れ去り、虐待の支援措置を申し立てて行方不明。その後の連絡を一切無視するという例もある。

二〇二〇年三月には、タイ出身の母親が子どもを殺す事件があった。義母から「別れてタイに帰りなさい」と言われ、裁判になれば勝てないと思って殺したのではと報道されている。性を逆転するならば、こういった目にあう男性はありふれていて、しかも重ねて金を請求されるので、毎年のように絶望して自殺する親もいる。裁判所前で母親を刺したり、母親の親族を刺したりする事件が度々起きている。親子の関係を不用意に絶つことが、どれほど残虐かということに思いが至らなければ、こういった事件は繰り返されるだろう。

共同親権はバックラッシュ？

共同親権を掲げて市民運動をするようになると、女性運動の活動家からは、保守的な運動だと見られたり、「バックラッシュ」だと言われたりするようになってきた。自分の子どもに会えないと言っているだけなのに、最初は全然意味がわからなかった。しかし親権をめぐる女性運動の歴史からすれば、「せっかく女が親権をとれるようになったのに時計の針を逆戻しにする」と、自分たちの権利が侵害されるかのように感じたようだ。

今では「日本は先進国の中で唯一単独親権制度を維持している国」という報道もされるようになり、ほかの国も以前は単独親権制度だったのが共同親権に転換した、というのが知られるようになった。しかしちょっと前までは、こういった情報は一般に知られていなかったので、制度の違いは文化的な差だと思って、異文化比較のように話を聞きに来る新聞記者も一人ならずいた。

今日、男女平等を憲法に規定している国はたくさんあるし、それが文明国の証であるかのように国際社会の中では普遍的な価値となっている。とはいえ、家族という分野について言えば、欧米の国々でも、昔は女性が働くこと自体も夫の許可がいる法律を持っている国はあったし、女性ができる職業も一部に限られていた。家族に関する法律の男女平等規定のある日本国憲法が、世界最先端の憲法だった。

ウーマンリブが、そういった女性の社会における活動の範囲を広げ、性役割から女性たちが自由になるのを呼びかければ、同じように性役割から自由になりたいと願う男性がいてもおかしくない。親権争いで男性が育児に奮闘する姿が涙を誘った「クレイマー、クレイマー」以後、父親たちの運動もあって、カリフォルニア州を皮切りに、アメリカでは均等な養育の分担を司法が命じることが可能な、共同監護の法制度が州ごとに整えられ、それが燎原の火のように、全米に広がっていった。

時期や内容にバリエーションはあっても、欧米各国では、どこも単独養育を押し付けられず、「別れた後の共同子育て」ができる共同親権へと転換していった。実際、結婚や離婚、あるいは未婚のまま子どもをもうけるというのは、親の選択や都合だ。試験管ベイビーですら、生物学上両親がいなければ生まれてこない。

だから自分には責任のない親の都合で、子どもが両親から愛情を受ける機会を失うことは、本来だったらおかしなことだ。親が別れ、そもそも結婚していなくても、子どもの側から見たら両親に責任がある、ということに気づいた国の多くが共同親権に移行し、親どうしの関係と親子関係を分離してきた。親権という言葉を「親の配慮」（ドイツ）や「親責任」（イギリスなど）という言葉に置き換えていった国もある。

双方が子どもの養育にかかわるのが前提なので、一方の親の側の都合だけで子どもと片親の関係を断てば、誘拐罪も含めた法規制を受けることになる。

日本の場合は「民事不介入」といって、家族間の関係は法律で決めるようなものではないという発想を持つ人がいまだに多い。この発想は、結婚しさえすれば夫婦は以心伝心のはずという先入観を生みやすく、それこそ価値観や家族観の違いを力づくで埋めようとして、ＤＶの発生源になっている。逆に言えば、夫婦関係を解消してしまえばあとは他人。子どももどちらかの家に所属すればそれでいいという発想を生みやすい。

この発想自体が単独親権制度を支えている。「日本は単独親権」というのは、固定化された家族観を守って取り残されている、ということだ。

父親が別れても子どもにかかわりたいという欲求を表明したら、本来だったらむしろ女性運動をしてきた人たちからは称賛されるはずだ。実際、ぼくたちが活動を始めたとき、応援メッセージを送ってくれたフェミニストはいる。

だから「男がメソメソして」というふうに、女性支援の人の間でぼくたちの運動が言われていると聞いて驚いた。仲間は人権問題を扱う市民団体の会議に出て「社会的擁護って考え知ってるの」「親はなくても子は育つと言うでしょう」と言われたという。弁護士出身のある女性国会議員が、「父親たちが子育てしたがる」と発言しているというのも聞くし、最近では二〇二〇年三月に、参議院議員の小野田紀美氏が、「親に会わなくても子どもは死にはしない」と発言している。この発言は、養育費の徴収確保を強調する質問の中でなされている。だったら、国が子どもを全員養う制度を進めるのが正解になりそうなものだ。親の権利を否定し、国による家族支配を反省しないとそうなる。しかし、それは国家主義思想そのものだ。

わりと人権問題に理解のある女性運動の経験者でも、子どもは母親が見るのが当たり前という固定観念は強い。「親はなくても」とか、「親に会わなくても」という「親」を母親に置き換えれば、こうも片親を軽視する言葉をすんなり言うとは思えない。

職場に女性が入ってきたときに「ほかにやることがあるだろう」「女には無理」と言われて女

性たちがうんざりしたように、子育てに男がかかわるようになって、「ほかにやることがあるだろう」「男には無理」と言われて男性もムッとする。女に威張り散らす男が家のことに口を出すのはまっぴらという感覚は、男に頼ってばかりの女が職場にいたら仕事が進まない、という発想と裏表だ。子育ての男女平等を求める運動を「バックラッシュ」ととらえる発想は「進歩的」とは言えそうにない。何しろ、自立のために離婚した女性にとって、共同親権や意見の会わない相手との親権の調整規定の立法がないままでは、その望みは極めて困難になる。

共同親権を主張する別居親の中にも、家庭を壊したわがままな妻への憤りから、相手の悪口を繰り返す人もいる。ぼくも元妻やその再婚相手のふるまいに傷つけられれば、今でもそういう発想がときおり湧き上がる。

しかし、パートナーとはうまくいかないと別れたところで、一人での子育てを押し付けられず、双方が子どもの養育について十分にかかわりあい、周囲のサポートがあり話を聞いてくれる人もいれば、こういう感情がこみあげてくる機会は減るだろうなとは思う。それを当人どうしにまかせてもなかなかできない。ハードルを下げるためには双方に公平なルールという支援もいる。

戸籍が問題では

ほかの国も以前は単独親権制度で、それが共同親権へと転換していったと、この問題を知らない第三者に説明すると、「じゃあなんで日本だけ単独親権制度が残ったんでしょうか」とたいがい聞いてくる。

二〇〇八年に当時住んでいた国立市で、面会交流に関する法改正の意見書を国に送るように市議会に陳情を出した。同時に地元の記者クラブで顔と名前出しでそのことを記者会見した。子どもと会いたいのに制度の問題で会えない親がいるということを社会的にアピールして、市民運動としての別居親の運動が始まった。そのときに戸籍研究家の佐藤文明さんを集会に呼んで話をしてもらった。佐藤さんは結婚するに際し、「入籍」という言葉が今もある（実際には新しく戸籍を作るのに）ように、戸籍＝家制度の形重視の家族観にぼくたちの意識が大きく左右されていると強調した。

「この子には新しいパパがいるの。もう会わないで」

テレビドラマでそんなやり取りを見かけることは今でもあるかもしれない。ぼくは今から三〇年以上前の小学生のころに、元夫に母親が話すそんな会話を、共働きの両親のもと、一人で留守番しながらテレビで見た。親が別れたら自分もどちらかと会えなくなるのだろうかとその意味を考えて、印象に残ったのだと思う。

こういった会話に対して「不道徳だ」とテレビ局に不満が寄せられないのは、離婚すれば他人で、戸籍外の家族関係は無視しても構わないという、社会の意識をドラマが反映しているからだろう。

結婚を役所に届けるルールが問われないのは、他人どうしが家族であると対外的に示すことに当人たちにもメリットがあるからだろう。それは税制や社会保障といった国が与えるメリットとともに、「結婚して親になって一人前」という社会的地位を得られるという側面もある。

佐藤さんが解説したのは、夫婦や親子といった、関係の中身の問題ではなく、形が重視される日本社会の家族のありようであり、その意識を形成する基盤に戸籍があるということだ。裁判所もまた、実質的な夫婦関係や親子関係がどうであったかを見ることなく、実際に所属する家に人がいさえすれば足り、形を壊すかどうか、形に影響があるかどうかを見て判断している。建前や見てくればかりを気にするこの国の「文化」を反映している。

ぼくたちの国賠訴訟の二〇二〇年六月の報告集会で、コラムニストで、ドイツ人と日本人の親を持つサンドラ・ヘフェリンさんに、過去単独親権制度だったドイツと日本の離婚を比べてもらったことがある。四〇代のサンドラさんの親の世代では、ドイツでも単独親権制度で離婚については有責主義、つまり家族を壊した側に慰謝料請求ができるという、今の日本と同じ法律で、言わば形重視の家族意識が強かった。

今の日本でもそうだけど、当時のドイツでも、夫（妻）の不貞の証拠をつかむために、探偵業が流行ったそうだ。今は共同親権になり、二年の別居期間を経れば離婚が成立する（破綻主義）ので、不貞相手に慰謝料を求めることもないという。ヘフェリンさんはぼくと同世代で、わずか一世代前の話だけど、法律が変われば人々の意識も変わる。

共同親権への世間の関心が高まると、憲法学者の木村草太氏などは、離婚して親どうしが協力できないのであれば、子どものことで合意を得るのが難しいので、共同親権では何も決定できない「デッドロック」に陥り、そういった場合においては単独親権のほうが望ましいと主張するようになった。共同親権への反論でよく見かけるものだ。一方で単独親権のもとにおいても、親どうしが協力できるなら事実上の共同親権と変わらないので法改正は必要ない、という主張も度々見かけるようになった。

こういった議論の前提には、子どものためにはできることなら共同親権のほうがよい、という考えがある。だったら制度を変えて協力できるカップルを増やしたほうがいいという発想にはなぜならないのだろう。

そんなに単独親権が優れているなら婚姻中も単独親権にすればよいと思うのだけど、そうも言わない。そこに気づいた知り合いが直接木村氏に「その議論は婚姻中でも成立するのでは」と聞いたところ（二〇二〇年二月二七日の公益財団法人日仏会館での討論会）、木村氏は「婚姻中に子について両者で合意出来ないのであれば、離婚すべき」と答え、「民法の教科書にもそのように書いてあります」と述べたという。質問した彼は、離婚するかどうかを子どものことだけで決めるわけではないだろうと述べていた。

実際問題、子どものゲームの時間をどうするかという小さなことから、どこの学校に行かせるかという大きなことまで、子どものことで合意できない夫婦などたくさんいる。だけど、そのことでいちいち離婚していたりはしないだろう。どっちかに決定をゆだねたりして（選択的単独親権）家庭生活を送っている。

そしてそういったことは、婚姻外のカップルにおいても事前に取り決めがあればできそうなことだ。共同親権に移行した国々では、婚姻中においても子どものことで合意を得たり、裁判所の判断を仰ぐ法規定があったりする一方で（親権の調整規定）、別居や離婚時においては、そういった合意を得る仕組みや、どちらが決定するかをあらかじめ決めることで、子どものことでは協力できる環境を維持する仕組みを持っている。対立が強ければ、関与しないことも協力になり、それでも子どもは二つの家を行き来できる。

つまり、共同親権反対の論者が守りたいのは、「子育てしたかったらちゃんと結婚して離婚するな」という規範意識と、それに伴う地位や立場であることがわかる。それは同姓の父母子という戸籍の形式に当てはまる者を優先し、それ以外の関係を「二級市民」と見る発想だ。単独親権制度を用いて親どうしの関係に、親権のある親／親権のない親という格差を明示すれば、戸籍外の家族関係を非公式化できる（いわば「内縁化する」）。ぼくの知り合いの母親は、親権者の元夫に「対等だと思ってるの」と言われたという。その発想の背景にはこういった思考方法が内在している。

ぼくたちが共同親権訴訟を提起して第一回目の弁論を傍聴した評論家の橘玲氏は、仮に共同親権になったとしても、戸籍がある限り、今度は「親権のない親」から「戸籍外の親」という言い回しで、差別が温存することを予想した。これは子どもを「うちの子」と呼ぶ言い回しの裏返しである。

嫡出子が「子どもの福祉」

戸籍制度は同姓で婚姻関係のもとの父母子を「正式な家族」の形とする。子どもは両親から生まれるものだけど、その形で暮らしていないと子どもはかわいそうというのは原因と結果が入れ替わっている。「子どもの福祉」というのは、子どもがいつもニコニコしている状態、つまりそれが子どもの幸せということだ。実際は親にいじめられていても、その親が継親であっても、両親が揃っていさえすれば見てくれがよく、それが子どもにとっても幸せだという理屈だ。

法律上でも、戸籍という形に合った立場の構成員であれば優遇される。一夫一妻制だから、男性に養われる側だった女性の場合は、「正妻」という言葉に対し「内妻」や「二号さん」という言葉がある。むしろ、正妻の立場（嫡出子の母）とそうじゃない女性（非嫡出子の母）の立場を区別することこそが、婚姻制度の維持のためには合理性がある。

したがって、子どもも嫡出子と非嫡出子の別が当然生じ、法律上も以前は相続において差別があった。しかし、本当にそれが「子どもの福祉」なのだろうか。

子どもは親を選べない。なのに、自分がどこの家（戸籍）に所属するかによって、同じ親から生まれた子なのに、親から得られる相続に差があるのはおかしいと最高裁も認めた。子どもが親を知る権利はあるし、子どもが両親から愛されることは子どもの権利だ。だから親どうしの関係が、婚姻（つまり戸籍内）関係ではなく、非婚（離婚や未婚）であることによって、一方の親から愛情を得る機会を奪われることは婚外子差別だ。そういう意味では、単独での子育てを別居した親の関係に強制する単独親権制度も婚外子差別だ。

ぼくの娘も非嫡出子（婚外子）として生まれ、現在は嫡出子となっている。未婚だった元パートナーは再婚し、娘をぼくの許可なく養子、つまり嫡出子にした。これを連れ子養子と呼ぶ。

通常離婚して再婚した場合、子どもは再婚相手の養子にするのが一般的という考えが日本では強い。しかし、結婚届と養子縁組届は実は別である。結婚はするけど、子どもは元夫（元妻）の子どもなので、再婚相手とは養子縁組はしないという人もいる。民法も、通常は父母は実父母としている。裁判所はそれを、養子縁組をした場合は養父母を父母と読み替えて適用している。

例えば、ぼくの元パートナーは再婚して、その再婚相手と娘が養子縁組することで、娘が嫡出子になった。同時に、娘は元パートナーの実子なのだけれど、元パートナーとの関係では非嫡出子のままだったので、今度は元パートナーが娘を養子縁組することで嫡出子となった。元パートナーは娘の実母なのだけれど、同時に養母であるというややこしい関係が民法上規定されている。その時点で民法上の「父母」は養父母に読み替えられている。こういった解釈が成り立つのも、戸籍の形に構成員を当てはめる、つまり嫡出子の母と嫡出子にすることが何よりもみんなの幸せ、という固定観念に由来する。

ちなみに、再婚養子縁組のことを法律用語で代諾養子縁組と呼ぶ。通常養子縁組は本人どうしがするものだ。だけど養子になる側が未成年の場合、親権者が本人に代わって養子縁組をするので「代諾」養子縁組と呼ぶ。ところが、単独親権制度だと、親権者は婚姻外においては一人しかいないので、親権のない親の許可はいらないということになる。つまり、自分が知らないうちに元パートナーが再婚して、自分の子どもを元パートナーの再婚相手の養子にさせられてしまうという事態が生じる。

その場合、自分の知らないところで、子どもが元パートナーの再婚相手の姓になってしまうだけでなく、裁判所はそういった場合においては、子どもとの面会交流を著しく制約する傾向が今でもある。それだけでなく、親権者変更をしようとしたらそれが認められない。実際に再婚養子縁組されて母とその夫から虐待を受けて二〇一八年に亡くなったのが、船戸結愛さんだ。

この事件では当初、結愛さんが両親から虐待され死亡したと報道された。一方結愛さんは、「前のパパがいい」と言っていたことから、母親の夫が養父であることが注目されるようになった。実父が結愛さんと会っていたら虐待が防げたかどうかはわからない。しかし、報道された実父の両親（結愛さんの祖父母）の発言によれば、実父は結愛さんの母親が再婚したことで、結愛さんに会いに行くのを遠慮したことがうかがえる。つまり、関係する親族たちは養父も含めて家族の「形」を尊重するという点では共通した価値を持っていた。とするなら、この家族観は子どもの安全を保障しない。婚姻制度を守るために維持されてきた単独親権制度故に起きた殺人事件である。

実際、この価値観は、親権者が亡くなった後においても維持され、生きている実親のもとに子どもがそれだけでは戻ってこないという事態まで引き起こしている。子どもはすでに「家の子」であり、後見人に祖父母などがなっていれば引き続き面倒を見ることになり、親権を奪われ「内縁化」した親のもとには即座に戻ってこないのだ。

家庭裁判所は家制度の門番

戸籍という形をベースにする婚姻制度を維持するために、単独親権制度は必要だった。なぜ戸籍を維持することが必要なのかと言えば、もともと戸籍が家単位の徴税と徴兵、つまり天皇を中心とした富国強兵の近代国家を作るための登録台帳だったことに起源があるだろう。実際戸籍は天皇の臣民簿で、そのため天皇家には姓がない。

明治発のこの家族観は、もともと一部の公家や武家の家族のあり方を国民のスタンダードにした。江戸時代には離婚は庶民の間ではありふれた現象だった。それが明治になって急激に離婚率が下がる。一度結婚したら一生連れ添うのが美徳となる。

戦争に負けても、会社勤めの父親を専業主婦の母親が支えて団地で子育てする、といったような家族モデルが中産階級の間で定着し、高度経済成長を支えた。日本がほかの国に遅れて共同親権の議論がようやく話題になってきたのは、この中間層が他の国よりも厚かったためだろう。今までの雇用形態が変化し、経済成長も見られなくなった中で、かつての家族モデルが今になってようやく時代に合わなくなったと経済的には説明できる。

この家族観は、父母子という形を整えることこそが「正式な国民＝一人前」の証なので、それ以外は「二級市民」として差別しなければ正常に機能しない。結婚して子どもを作ってようやくお国のために役に立てた、ということだ。

そのため、戸籍内の構成員（父母は異性婚）には一つの姓を強制してお墨付きを与え、戸籍外の家族関係を「内縁化」する。つまりランクを落とす。「親権者じゃないから」と差別を理屈づけるための単独親権制度が役に立つ。

手続きの面でもこういった家族観は反映されている。結婚は実際には新しく夫婦の戸籍を作るのに、「入籍」として歓迎されている。実際、「入籍」は役所への届け出で可能だ。実態を役所が認める（登録）のではなく、形式を届け出ないと効果が生じない。このもとで憲法違反の数々の審査基準が温存される。

離婚も役所への手続きで可能だけど、どちらかが反対すれば家庭裁判所の審査を経る。多く、親権者は子どもがいるほうの親になる。しかし子どもが戸籍筆頭者の戸籍に残されたままなので、これを親権者の戸籍に移そうとすると、やはり裁判所の審査がいる。

ぼくの娘は元パートナーとその元夫の離婚が成立してから三〇〇日以内に生まれていて、嫡出推定で元パートナーの元夫の子とされた。いわゆる離婚後三〇〇日規定の該当者になった。元パートナーも、元夫も、生まれてきた子は元夫の子ではないと合意しているのに、元夫からの嫡出否認の申し立てには審査が必要で、おまけにＤＮＡ審査を裁判所に課せられた。戸籍から外れる場合に審査がいるのだ。

子どもに会うのに親権者が拒否している場合も、裁判所に行って決定をもらってくることはできる。しかし、事実上は親権者の意向次第で、審査は極めて限定的。月に一度二時間や会えないなどという決定が出やすい。戸籍をまたぐ家族関係に家裁は冷淡だ。

とにかく、戸籍の形を作るのは、血縁であろうがなかろうが歓迎で、乱そうとすると裁判所の審査を受け、しかもなかなか認めない。家庭裁判所は家制度の門番だ。「結婚して子どもを作って一人前」「子育てしたかったらちゃんと籍に入って別れるな」だ。

よく、離婚後の子どもの養育については、「養育費と面会交流は車の両輪」と言われることがある。だけど、この言葉自体も、男は外で働いて金を稼ぎ、女は家で子どもを育てる、という性役割に縛られたものだ。こういった価値観は戸籍制度を支え、あるいは戸籍制度によって再生産されていく。

一昔前には「イクメン」という言葉がもてはやされ、男性の育児を国を挙げて奨励してきた。それを、婚姻外では性役割を固定化するのは、男にとっては梯子を外されたと感じるだろう。単独子育てを女が強制されれば、働く女性の足も引っ張る。「夫婦でもめたら女が子どもを見る」のなら、「じゃあ最初から女が見ればいい」と思うだろう。経済的にも実際の養育時間の面でも、男女かかわらず親なら応分の分担をすること、それが本当の「車の両輪」ではないだろうか。

民事不介入が連れ去りを擁護する

日本の家族のあり方を規定する法制度は、形重視、見てくれ重視なので、法律は家族の形を整えていさえすれば、世帯単位で扶助や税控除などの優遇措置を与える。一方で、家族の中の関係に関しては放置、口を出さない「白紙委任」だ。

家族内外の関係性を峻別するこういった慣習と法律は、家族の自律性という側面から肯定的に見ることもできるだろう。一方で、家族内部の人権侵害に対しても口を出さない。

民法では、家族の形を壊した側、つまり有責配偶者からの離婚申し立てはできないという規定がある。逆に、家族内の暴力行為に関しては、他人どうしの暴力なら刑事罰の対象になるのに、警察も「民事不介入」を理由に事件化を避ける。子どもを親が叩けば「しつけ」、夫を妻が殴っても、妻が夫に包丁を突きつけても「夫婦喧嘩」ですまされてきた。

現実的には、家族間でも暴力や虐待は生じるどころか、むしろ、殺人事件のうち、親族関係の殺人の比率は、二〇一六年には五五％になり、面識のある者の間の殺人を超えて割合としては一番高い。

そういった実情の中で、家庭内暴力はＤＶという言葉で知られるようになり、法律もできて対策が取られるようになった。しかし、これにしても日本のＤＶ対策は民事対応だ。

例えば、被害者である女性が警察にDV被害を申し立てれば、夫の側は「奥さん（とお子さん）は安全な場所にいます」と言われるだけだ。妻の側の避難という民事的な自力救済に公的な支援が与えられ、夫の側に避難先を教えなかったり、避難場所が提供されたりする。避難した先では、弁護士の紹介などで、離婚などの手続きをとることになる。刑事なら夫の側は捜査の対象になるはずなのに、そういう気配は全然ない。

これは被害者が男性の場合でも同じだ。妻の側が警察に相談したという履歴があれば、保護の対象になり、やはり夫の側は「奥さん（とお子さん）は安全な場所にいます」と伝えられるだけになってしまう。男女間の暴力被害の比率にかかわらず、男性を保護するシェルターはほぼないからだ。

親が子を連れ去ることも、実際は刑事上の誘拐罪で違法行為だと、最近では法務大臣も国会答弁の中で認めている。しかし、民事不介入だとこれも犯罪にならない。どうも子どもを確保した行為が違法でも、先に形を整えてしまえばその貢献度のほうが高いと裁判所では判断されるようだ。

こういった状況なので、離婚した後に子どもに会いたいと言えば、すでにそれは家族じゃない人どうしのことと思われがちだ。ぼくも面会交流の法制化の署名を求めた際「法律で決めるようなことではないのでは」と言われたことがある。法は規範なので、枠から外れた人たちのことまで取り合う必要はないということなのだろう。だけど、こういった意識を法律で規定しているのが単独親権制度なら、むしろ親子が親子のままでい続けることが法によって妨げられている。

ぼくは娘に会ったときに、母親側の家族観に一生懸命合わせようとしている娘から「お前なんか家族じゃない。他人だ」と言われたことがある。とっさに「家族は他人だけどね」と切り返すことができた。家族は特別な存在で外から口を出さない、出すのは血縁続きの両家だけというのが、子の奪い合いや、体裁保持のための家庭内暴力のもみ消しを「家の恥」や「家の体面」のために放置してきた。

しかし、夫が妻を殴るのが暴力なら、親が子を連れ去るのは誘拐だ。被害者の発言を「その程度のことは」というのは、ともに差別なのだろう。実際、二〇二〇年の二月二六日には、子どもを配偶者に連れ去られた一四人が、国の立法不作為に対する損害賠償を求めて東京地裁に提訴した。家庭内暴力も、実子誘拐も、当事者がそれを被害と認識してはじめて社会問題化する。それを妨げていたのは家族の形だ。「家族も他人」が人権を保障する。

3　どうして議論がかみ合わない？

ＥＵの対日非難決議

二〇二〇年七月八日、ＥＵ（ヨーロッパ連合）議会は、日本国籍とＥＵ国籍の両方を持つ子どもを、日本人の親が連れ去ることを禁止するよう求める決議を、圧倒的賛成多数（賛成六八六、反対一、棄権八）で採択した。この決議で「実子誘拐」や「子どもの連れ去り」という言葉が知られるようになり、一方で、日本がこの問題で国際社会から批判を受けているという事実が徐々に国内にも浸透していくようになった。

共同親権について話題にすると、「ＤＶのときはどうするの?」と条件反射のように反対意見が出てくるのが日本のこれまでだった。新聞で記事になるときにも、どんなに共同親権について賛成の論調の記事でも、末尾に「ＤＶの観点から反対の意見がある」と付け加えることになっている。

親子が親子でいるために共同親権に転換しようと言うと、今までの暴力防止の女性支援の水準を損なうと主張するフェミニストはいる。実際、実子誘拐を社会問題化しようとする人の中にも、他の問題では排外主義的な主張をしている人もいるので、共同親権への警戒感を根拠づけたりすることもある。

そんな中で、「危険な男性」対「保護されるべき女性」という対立図式が固定化し、議論がちっとも進まないというのを、ぼくは自分が当事者になってから一〇年以上見てきた。なぜ議論が混乱するのだろうか。

ところで、ＥＵ議会の日本非難決議で突然日本が批判の矛先に立たされ、内政干渉だと反発する人がいるとしたら、認識は改めたほうがいいかもしれない。実子誘拐に対する国際社会からの批判は何もこの一年の間に始まったことではないからだ。

ぼくが子どもと引き離されて市民活動を始めたのは二〇〇八年だ。その年の四月二〇日の東京新聞には、「『ハーグ条約』日本も調印を」というタイトルの大きめの記事がある。

この年にカナダ大使館で開かれた「国際的な子の奪取の民事面に関するハーグ条約」（「ハーグ条約」）について取り上げたものだ。中を見ると、「カナダ側によると、日本・カナダ間に約四〇件の親権争いがある。ほとんどは日本人女性が子を連れて日本へ帰ったもの。国別件数で日本はワーストワンだ」とある。

欧米各国の首脳も、当時の安倍晋三首相に直接日本の実子誘拐問題の解決を訴えていた。二〇一九年六月のＧ20でも、イタリアのジュゼッペ・コンテ首相は実子誘拐問題をめぐる状況について不満を述べ、フランスのエマニュエル・マクロン大統領も同月、この問題を持ち掛け「容認できない」と発言している。ぼくが当事者になってからでも、ハーグ条約の加盟圧力やその後の条約の履行確保という側面から、不満を述べる各国首相の発言や議会決議は度々目にしてきた。

先の記事に戻ると、すでに二〇〇六年には、カナダのハーパー首相が、当時の小泉純一郎首相がカナダを訪問した際に問題解決を促され、「協力できることがあれば協力したい」と約束したとある。この記事は「その後も日本政府が関与した解決は一件もないという」とシンポジウムの内容を伝えている。

当時日本人の当事者も外圧を期待して、大使館などに出かけて実情を訴えた。ぼくの知り合いの一人は「大使館はもう一〇年近くこの問題に取り組んできた」と言い返されたという。つまり、この問題は少なくとも二〇年近く国際問題として存在し続けてきた。

日本に子どもを連れ去られた外国に住む親たちから、日本は一度入ったら二度と出てこられない「ブラックホール」にたとえられて批判されてきた。ＥＵ決議に至るまでにも、外国政府に働きかけてきた、外国人当事者の粘り強いロビー活動があり、二〇一九年ごろから、その働きかけは、欧米のテレビ番組で日本国内の拉致が紹介されるという形で、国際世論を作ってきた。実際、ぼくもイタリアのメディアから取材を受けて、イタリアの雑誌に取り上げられたことがある。

しかし、日本は二〇一三年にハーグ条約の批准を国会が承認し、翌二〇一四年四月から発効していたはずだ。国境をまたいだ子の連れ去りに適用されるこの条約があれば、子どものことは元いた国の裁判所が管轄になり、子連れ高跳びができなくなるはずだった。なぜ批判がやまないのだろう。

ハーグ条約反対運動

ぼくは当事者運動、市民運動として親子の引き離し問題に取り組んできた。問題は日本国内の法制度の未整備で、子どもを一方の親に確保されれば一生会えなくなるという立場は、外国から日本に子どもを連れ去られた親たちとぼくたちとで、変わりはない。この条約の批准過程に注目していたし、ときに応じて声明を出すなど外国に住みながら日本人と結婚し、子どもと引き離された親たちを応援してきた。

だから、ぼくがこの問題に取り組んでいると知っている人からは「宗像さんは、最近あちこちから呼ばれたりするんじゃないの」と聞かれることがあった。まずなかった。メディアも国内の当事者のことについては別問題と考えたのか無視していた。

ぼくが当時唯一コメントを求められたのは、ニューヨークの共同通信の記者からだった。二〇一三年二月に安倍晋三首相がバラク・オバマ大統領との会談で、条約加盟を表明することに対し、国内で共同親権を求める団体として事前に国際電話がかかってきた。

「『道半ば』と親たち　ハーグ推進に慎重な声」とタイトルがつけられた記事はしかし、日本の報道機関は一社も配信することがなかった。

記事ではアメリカ在住の父親で市民団体の「グローバル・フューチャー」のパトリック・ブレイデンさんが登場する。彼は元妻が娘を日本に連れ去ったため娘と長年会えていない。「安倍首相に感謝する」と語る一方「実際に子供が帰るまで祝うことはできない」と強調している。同じく「拉致された子供たちを家に戻そう」のポール・トランドさんは「米国政府にとって聞き心地の良いことを言っているにすぎない」と批判。その上で「日本が実際に子供たちを（米国に）帰すまで、米政府は圧力をかけ続けるべきだ」と主張している。

ぼくはと言えば、条約加盟への動きを評価するとしながらも「日本が求められてきたのは、子供との面会交流や共同親権を国内で保障することだ」と語り、法整備の必要性を訴えた。当時のぼくの年齢が三七歳とあるので、今から九年も前なのだけど、今と言っていることは変わらない。

両国の親たちが「道半ば」とこの記事のタイトルは付されているのだけれど、確かに「ハーグ推進に慎重な声」ということなら、「誤解を与える」と国内の新聞社は判断したかもしれない。というのは、当時日本国内では「慎重」と言えば、「本当にこの条約加盟が有効か」という意味ではなく、「ハーグ条約自体が危険」という論調で用いられていたからだ。「ハーグ慎重の会」という団体ができ、条約加盟に反対の声を上げ、日弁連も条約加盟に反対していた。海外在住のこの記者には日本国内の状況は意味不明だったろう。

この記事は結局、ぼくたちの市民団体が運営するサイトで唯一記事として国内で紹介することができた。記事を書いた記者にはそのとき「おそろしい鎖国状態ですね」とメールで書き送っている。

この条約は子連れ高跳び禁止条約だ。子どもの親権・監護権に関する裁判については、子どもが元いた国の裁判所が管轄になる。例えば、アメリカから日本人妻が子どもを連れて日本に帰国した場合、いったん子どもはアメリカに返し、アメリカの裁判所で、現地の法律のもとで子どもの処遇が判断される。

この条約には面会交流の規定もあって、加盟国の政府は子どもの返還とともに、子どもを連れ去られた親に対し、面会交流の支援をする義務もある。そういう意味では、条約自体が、親がどの国にいたとしても、子どもが双方の親との関係を維持できるという観点から作られた、言わば共同親権を前提にしているはずだった。

ところが、日本への国際的な非難はやまずに、二〇二〇年になってＥＵ議会が決議を上げることになった。

七月一四日には、茂木敏充外務大臣が記者会見で、二〇一四年の日本の加盟後、日本にいる子どもの返還を希望する各国の親に対し、日本政府が仲介などの援助を実施したのは一二三件で、実際に子どもの返還が実現したのは米欧など四三件と公表した。この割合は三五％。二〇〇八年のハーグ国際司法会議事務局の統計では、援助申請総数に対する返還割合は、四一％なので、日本の返還割合は低めだとは言える。

どちらかというと、ハーグ条約の順守の問題という以上に、日本の制度自体が懐疑の目で見られていた。何しろＥＵ議会の決議は、国境をまたいだ子の連れ去りだけでなく、ＥＵ加盟国の国籍者と日本人の結婚が破綻した場合など、日本人の親が日本国内で子どもを一方的に連れ去り、別れた相手と面会させないことなどを禁止する措置を迅速に講じるよう、日本政府に要請していたからだ。

実際、当時ぼくが所属していた別居親団体の共同親権運動ネットワークは、先の共同通信の記事のように、加盟には慎重だった。というのも、国内の法制度を変えることなく加盟したところで、子どもに会えない親が日本国内に残るのは当然で、その親たちの立場はぼくたちと同じ。これはダブルスタンダードだ。外面だけ整えたところで被害は発生し続ける。ハーグ条約加盟に合わせて日本が共同親権にしておけば、日本国内で日本人と結婚したＥＵ加盟国の親たちが、ＥＵ議会や各国首脳に決議を働きかけたりしなかった。

むしろハーグ条約に合わせて作った日本国内の実施法においては、考慮事項として、子どもが暴力を受ける恐れや、申請の相手方が元いた国に入国した際、暴力をうけるおそれがある場合には、返還を拒めるという規定がわざわざ設けられた。

たしかにハーグ条約にも、「子の心身に害悪を及ぼすことその他子を耐え難い状況に置くこととなる重大な危険があること」という例外事例があるのだけれど、実施法は、子どもだけでなくその親を対象にし、基準に「おそれ」と入れてなるべく返還が拒めるように気を使っている。

そしてこの点が、ハーグ条約への反対運動を強力に展開した人たちが獲得した部分だった。日弁連が条約の適用を三年間先延ばしするよう何の根拠もなく主張したように、国際社会の流れからこの条約を拒むことは無理だと判断した人たちは、例外事例をなるべく緩く広くとり、条約を骨抜きするように働きかけて、実施法にその規定を潜り込ませた。

社会学者の上野千鶴子氏やシングルマザー団体の赤石千衣子氏など、フェミニストや女性支援の活動家がハーグ慎重の会に名前を連ねていた。海外在住の日本人女性は周囲からの援助もなく孤立している。そのうえ暴力から逃れてやっと帰国したのに、また元いた国に戻すというのか、と警鐘を鳴らしていた。

確かに海外で指名手配されていれば戻ることは簡単じゃない。だけど、戻すのは子どもなのに変だなあと思っていたら、外国人の男性は体が大きくて暴力をふるったら怖い、といったような、明らかに人種差別的な主張まであった。

そういった主張を見ながら、だったら自分たちが海外に行って、困っている人を助ければいいのにと思った。あんなに血相を変えて反対していた日弁連は、加盟後、ハーグ条約の手続きを請け負う受託団体として真っ先に手を挙げた。

DVが問題？

親子の引き離し問題の市民運動の存在が知られるようになると、共同親権になると、DV被害者の安全を守れなくなるという反対論が出始めた。

確かに、その観点からの反対論はあるのだけれど、「危険がある」と印象付けるだけで、実際に現在の単独親権制度でDVが防げているかという検証記事は一度も見たことがない。共同親権になったらDVが増えるというデータも見たことがない。ぼくたちが共同親権訴訟の記者会見をしたときにも、記者の一人から「この問題を扱うと、DVがあるから反対という意見が出る。どう考えるか」という質問が出た。

実際には、単独親権制度のもとで、DVも児童虐待もその相談件数は毎年毎年過去最高になっている。DVの場合は、二〇一九年度の相談件数は、配偶者暴力相談支援センターへは一一万九二七六件、警察へは八万二二〇七件で、合計二〇万一四八三件。センターへの相談の伸びが二〇一六〜一七年に若干鈍ったほかは、一貫して増加し続けている。また全国の児童相談所に寄せられる虐待相談は一度も減ることなく統計を取り始めた一九九〇年度から二七年連続で増え続け、二〇一九年度の対応件数は一九万三七八〇件（速報値）となっている。

少なくとも共同親権でDVや虐待の被害者の安全が保障できなくなるということであれば、

現在においては安全が保障できているという前提がなければならない。数字から見る限りそうは言えない。現在のＤＶや虐待の施策は、暴力防止にも被害者の安全確保にも数字上は役に立っていない。つまり失敗している。それをすり替え、親権制度のせいにしている。

ぼくも親子の引き離しの問題で支援を行うし、ＤＶの問題は日常的に扱う。というのも、子どもを連れ去られた親たちの話を聞いていると、現在の日本のＤＶの基準ならＤＶ被害者だと呼べる人がほとんどだからだ。そして、実際の暴力防止の支援をしていて感じるのは、単独親権だから防げた暴力などないということだ。

何より、家庭内暴力は名前通り家庭内で起きる。その時点ではほとんどのカップルが婚姻中の共同親権の状態なわけで、まず親権のあるなしと暴力防止は無関係だ。ぼくは事実婚で彼女の頬っぺたを引っぱたいたことはある。単独親権者は彼女だったけど、引っぱたくその瞬間に、親権のあるなしなど頭にあろうはずもない。

実際、虐待の加害者で最も多い割合を占めるのは実母だ。二〇一九年度の厚生労働省の調査では、実父四〇・七対実母四六・九％となっている。年々実父の占める割合が実母の占める割合に迫ってきている。虐待の種類別では、身体的虐待やネグレクトの割合がほぼ横ばいなのに比べて、心理的虐待の割合が年々大きくなっている。「面前ＤＶ」などの言葉が知られるようになって、父親の加害行為に対する相談が伸びていったことは考えられる。それに男性の育児への関与が増えれば、男性の虐待も増えるだろう。

図③ 児童虐待相談における主な虐待者別構成割合（2019 年）

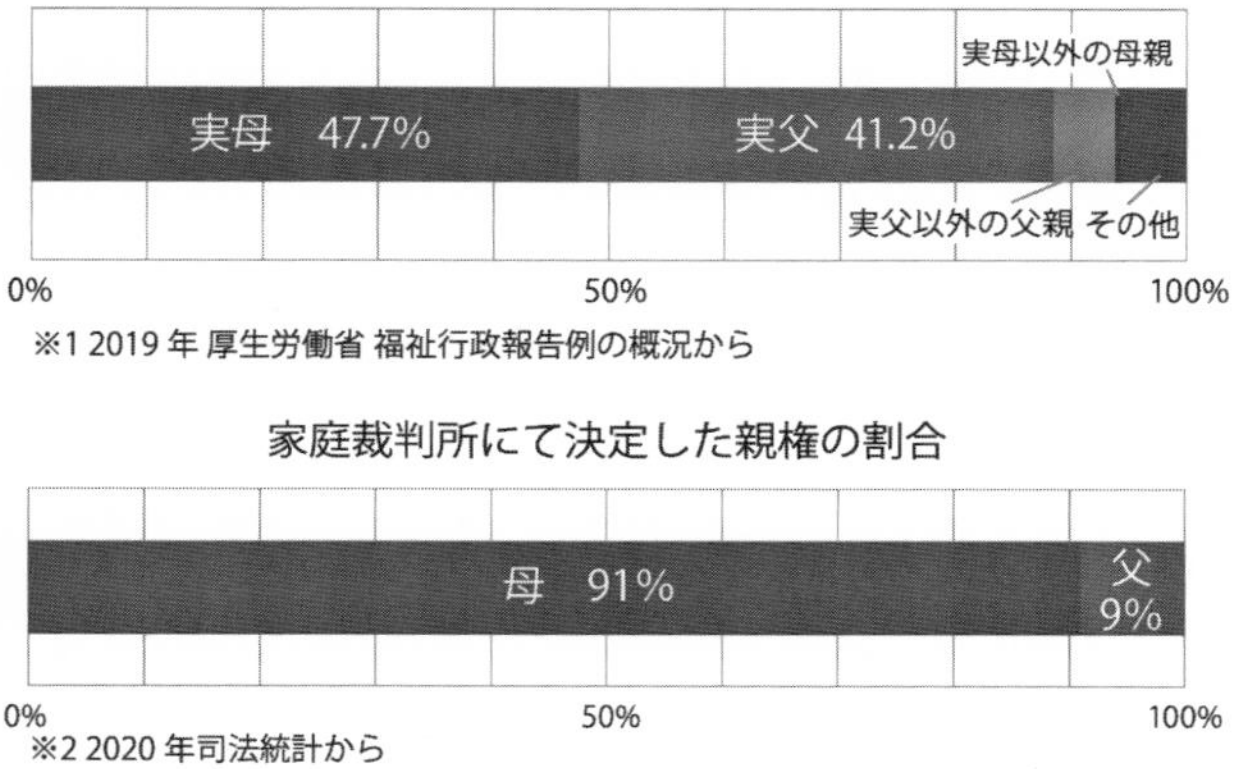

しかし単独親権制度のもと、親権指定は八割が女性、裁判所を経由するとその割合は九四％に高まる。そう考えると、児童虐待の加害者がそれなりの割合で親権者に指定されていることがわかる。子どもを先に確保した側に親権が行く、あるいは、女性が親権をとるという裁判所の実務が一般に浸透しているので、暴力の加害被害とは関係ないからだ。そうなると親権者のうち、虐待の加害者が少なくない割合を占めていることがわかる。

実際、二〇一八年度の警察庁の調べでは、女性の三一・三％、男性の一九・九％が、配偶者からの「身体的暴行」「心理的攻撃」「経済的圧迫」「性的強要」のいずれかを、一回以上は受けた経験がある。女性の三人に一人、男性の五人に一人が、ＤＶを受けたことがあるということになる。ＤＶ被害の女性対男性の性割合は、三対二になる。もちろん、親権取得の性割合は八対一。ＤＶでも、親権者の少なくない割合を加害者が占める。

そうなると、単独親権者を親権のない加害者から保護するために単独親権制度は必要、という前提自体がそもそも成り立たない。なぜなら、単独親権者であることを理由に保護を優先して親子の引き離しを容認すれば、それは被害者である親権のない親から子どもを引き離すことにもなるからだ。被害者をさらに虐待する施策に正当性などない。純粋な被害者を守るために多少の「誤認保護」には目をつぶろうという理屈が通るほど、単独親権者に含まれている加害者の割合は低くはない。

共同親権になれば、支配・被支配の関係が継続すると言って反対する人がいるけど、単独親権のもとで、加害者が親権を持ち子どもを引き離すことも、支配・被支配の継続にほかならず、日本の定義によればＤＶだ。

では、ＤＶの判定を厳密にし、被害者にのみ親権が行くようにして、親権の有無で暴力の加害被害を分けて、加害者からの引き離しを進めればよいのだろうか。そうするためには、あらかじめ加害者側には親権を渡さないルールが必要だ。

現在、離婚するカップルのほとんどは協議離婚で、実際問題、ＤＶがあったカップルであっても、協議離婚で親権を決めているのが大部分に思われる。彼らが親権を決める基準はＤＶ、虐待の有無だけではない。経済力や実際に子どもの面倒を見ることができるかどうかも双方の判断に影響する。

では、彼ら親たちの判断を差し置いて、表面化していない暴力を取り締まることに税金を投じ、暴力の有無を親権判断にまずもって優先させるべきだろうか。仮に彼らの離婚の原因が暴力である場合、それはあまり意味がないことのように思われる。

パートナーから離れるということの解決策の一つに離婚を位置付け、双方それで合意が得られているのなら、そのことに他人が口を出すことはなさそうに思える。子どものことでたとえ加害者に親権が行くことが望ましくなくても、それは子どものことを第一義的に考える親たちの判断だ。問題があるとするなら、加害者側が子どもを見ることになって、もう一方の親の関与が途絶えることだろう。

しかし、一方が暴力の被害者であって、離婚における親権選択に対し対等な立場で話し合えないとしたら、被害者支援は親権選択においても、積極的に関与すべきではないかと思うかもしれない。しかしそのDVの認定をいったい誰が行うのだろうか。

以前、しんぐるまざあず・ふぉーらむの赤石千衣子さんが、『ひとり親家庭』(岩波新書、二〇一四年)という本を作るためにぼくにインタビューをしにきたことがある。精神的DVもある、DV加害者に子どもを会わせるのか、というよくある質問をしてきた。ぼくは、その人が加害者かどうか、いったい誰が判断するのか、と聞き返して彼女は答えられなかった。

現実的には、DVという名称があっても、その行為を罰するのは刑事罰になるので、警察・検察が捜査して、証拠主義に基づいて裁判所が判断するというのが本来のやり方に思える。しかしそもそも警察は「民事不介入」で家庭内の問題はやりたがらないし、それでは暴力の抑止にはならないので、危険性がある場合においては、被害を感じた側を積極的に逃がすというDV施策がDV防止法のもとで進められた。そこではそれが実際にDVかどうかなど誰も審査していない。

DV相談の現場では、被害者の側の話を聞いてDVの危険性を判断する評価基準が確かにある。だけど、そもそも被害者の話だけ聞いて、見てもない人間が、相手がどの程度危険かなどどこまで適切に判断できるのだろう。

長年DVの脱暴力支援にかかわる、日本家族再生センターの味沢道明さんは、最近、加害者の更生プログラムがメディアで取り上げられているのを見て、「DVは関係性の問題でもあるから、いわゆる加害者一人を危険性評価なんてできるわけないし。あんぱんのあんこだけ食ってあんぱんのうまさがわかるわけないのと同じ」とブログでコメントしていた。

何よりも、子どもの側から見たら、例え暴力があっても自分の親なわけで、暴力がなくて親どうしがけんかしなくなってもらえたらいいし、たとえ両親が離婚することになったとしても双方との関係が保たれたほうがいい。離れてお互い暴力をふるうこともなくなった親が、可能性があるからと暴力をふるったほうから子どもを引き離して、一生会わせないと他人が決めることに、危険性はないのだろうか。そう考えると、たとえ協議離婚でなかったとしても、暴力をふるったからという要件だけで、子どもの養育から排除されることが本当にいいとはぼくは思わない。

実際、暴力的な親のそばにいることで、暴力を振るわれることはあるかもしれないし、親に殺される子どものニュースは毎年ある。生育にも支障が生じるかもしれない。一方、DVの被害を受けた側は、自分の人生を生きなおすときに、子育てを一人で負わされるのも割が合わない。だとすると、暴力が仮にあった場合でも、単純に引き離してよしとするのではなく、たとえ別れても暴力を手放し、子育てを分担し合えるように周囲が考え支援することが、親子双方の権利を尊重することのように思える。

単独親権殺人

むしろ単独親権制度だから起きる暴力はたくさんある。

ぼくが子どもと引き離されたころはそうでもなかったけど、今は子どもを連れ去った側に親権が行き、その後親権のない側は二度と子どもと会えなくなる可能性が高いという知識は、インターネットに流通している。その上、妻子のことが心配なのに、頼りにする警察も区市町村の役所もむしろ自分をDVの加害者扱いすればどうなるだろう。

例えば、二〇一九年四月には、東京家庭裁判所前で離婚調停中の米国籍の会社員の男性が、日本国籍の妻を刺し、その後女性は失血死している。この事件では家庭裁判所のセキュリティー体制を批判する声もあった。だけど、たまたま妻が往来する時間がわかったのが家庭裁判所前で、それが別の場所だったら、そこで事件が起きていただけだ。

こういった事件が起きる度に、加害者側の男性の異常性が取り上げられる。実際には、男性のものと思われるＳＮＳには、前年の八月に妻子がいなくなって一週間、何が起きたかわからない状況だったことがわかる書きこみがある。誘拐されたと大使館に相談もしている。この場合、妻子の側の住所をＤＶの被害者保護の名目で区市町村の役所は隠す。国内の行政機関は相手をしてくれないので、大使館に相談することになる。本書の冒頭のマッキンタイアさんも同様だ。

マッキンタイアさんは心配で義父母の自宅に所在を聞きにいって逮捕されたけど、この男性の場合は逆上して妻を殺した。周囲は、仮に暴力がなければ、そして暴力があればなおさら、挑発とも受け取れる対応をして当の本人は孤立を深める。こういった場合、父親の側の話を十分聞いて気持ちを消化するためにも、社会の一員であることを保障するためにも、適正な手続きを用意することは暴力防止のためには当たり前だと思うのだけれど、それがない。仕組みが事件を生み出している。

妻に子どもを連れ去られてその後所在もわからなくなり、裁判所に訴えても子どもと会えない状態が長引く中で、自殺する人の話は毎年のように耳に入ってくる。ぼくもパートナーと子どもの所在がわからなくなったときには同じ気持ちだった。

その上、単独親権制度は、二人いる親のうちどちらの親を法的な責任者とするかを決めるだけで、そもそも単独親権者だからといって、子どもの親を自分の意志だけで子どもから遠ざけることが可能になるような権限が法律上あるわけではない。

ぼくは、いっしょに暮しているときには一度も言われたことがないのに、いったん子どもが元パートナーのもとに引き取られると、「私が親権者だから」と、自宅の近くに来るなとか、学校に来るのはやめろとか、はたまた学校にはぼくに学校からの配布物を渡さないように命じたりとか、まるで奴隷の主人のような態度で接しられたことはある。それに行政が同調すればあきらめる親もいる。だけどぼくにも人権があるので、それを親権者だからといって、考え一つで奪えるわけもない。

親権者が「会わせない」と言いさえすれば、子どもからもう片方の親を引き離せるわけもなく、仮に引き離しがなされるのは、親権の有無ではなく、DVの被害者保護の施策のメニューの結果だ。これは共同親権になったところで同じで、DVの施策が今以上に暴力防止に役立たなければ、DV、虐待の増加傾向も止まらない。しかし、共同親権になれば、単独親権で起きていたであろう子どもの奪い合いの中で生じる事件は防げるので、暴力の防止にはなる。

先の二〇一八年の結愛さんの事件や、二〇二〇年七月に、三歳の梯稀華さんを家に置いたまま旅行に行って衰弱死させた東京大田区の事件など、毎年のように、離婚後子どもを引き取った母親や、その再婚相手による子どもの虐待死が報じられて世間を騒然とさせる。こういった事件では、加害者側の残忍さと、一方でシングルマザーとしての孤立や、夫から暴力を受けていたことを取り上げての同情的な論調と両方が出る。

しかし、実際にはこういった事件の被害者遺族は、何の知らせもないまま子どもを殺された父親でもある。二〇一六年には、児童養護施設から一時帰宅中の九歳の千葉愛実さんが、無理心中を図った母親に殺される事件が起きている。この事件では月一回の面会交流を条件に親権をあきらめた父親が、行政対応に不備があったと児童相談所を管轄する秋田県と自治体を相手取り、損害賠償の裁判を起こしている。父親は愛実さんとの関係が絶たれたまま行政からは危険人物視されていたことを、ジャーナリストの西牟田靖さんがルポしていて、ぼくもその方と秋田で会ったことがある。また、子どもを引き受けた側が精神的に滅入って自殺してしまうケースも何度か見てきた。

父親の無念や、責任放棄、あるいは母親の側の孤立を嘆く前に、どうして双方の親が適切な形で子どもにかかわることができなかったのかと、事件を防ぐためにまず考えるべきだ。これら毎年のように繰り返される事件もまた、単独親権制度が引き起こしている。そういう面では、共同親権になれば、こういった単独親権殺人は防止することができる。

背景にある男性差別

では、実際に暴力抑止に効果があるわけでもないのに、共同親権で防げる暴力を無視してまで、単独親権制度に暴力防止を期待するのはなぜだろうか。そこには親権者は善意の被害者のはずだという推定がある。

この場合、被害者の性別は女性だ。共同親権になれば、夫による妻の支配が離婚後にまで及び、女性が苦しみ、ひいては女性に育てられている子どもも不安定になる、という理屈だ。そして共同親権は家父長制の復活、バックラッシュになる。本当だろうか。

二〇一八年、別居親の市民団体で、映画「レッド・ピル」を上映した。

この映画はアメリカの男性の権利運動について、現状と主要な運動課題について紹介する、二〇一六年のドキュメンタリー映画だ。フェミニストの映画監督のキャシー・ジェイは、男性の権利運動について取材する中で、女性は社会の中で割りを食っているという自分が身に着けてきた考えに疑問を膨らませていく。その心の葛藤が映画の進行とともに、ジェイのビデオ日誌という形で紹介されて、作品のおもしろみの一つになっている。

この映画の主題は単純だ。男性であるが故の生きづらさは、女性と同様にあるというものだ。男女という生物学的な性差に対し、「男らしさ」「女らしさ」は社会的、文化的な背景によって生まれる性差であり、ジェンダーと呼ばれ、一般にも知られるようになってきた。それは男女平等や女性の権利を主張してきたフェミニズムの理論の中から提唱され、家事育児や、会社の中でもお茶くみといったように、性役割を押し付けられることは、女性の側の不平等感や生きづらさの原因ともみなされる。

しかし一方で、兵士や消防士、ごみ収集の作業員といったように、危険な職業につく割合は男性が圧倒的だ。子育ては男性の仕事とみなされないため、親権争いではいつも女性が有利だ。それだけでなく、自殺者の七割が男性であるように、男性の自殺率は高く、平均寿命は女性より短い。現在、日本では、女性が男性より六歳以上長生きだ。

平均寿命の差が大きくなりはじめたのは、世界的に見て二〇世紀に入ってからの現象だ。つまり、平均寿命は生物学的な差ではない。この映画では、これら格差を「男性差別」という言葉で説明する。

近年、「セクハラ」という言葉の広まりや、「#Me too」運動、DV防止の取り組みなど、フェミニズム運動が取り組む課題は様々な分野に及んでいる。フェミニズムはもともと男女平等を主張してきた。社会は男が権力を握る男性優位社会、男性中心主義なので、被害者としての女性の権利を救済したり、拡張したりすることに躊躇はない。

しかし、男女平等の解釈は一つではない。

例えば、日本では満員電車の痴漢への対処から、女性専用車両を鉄道各社が走らせている。

しかしイギリスでは、女性専用車両は、性暴力を温存させるものとして、フェミニストが設置に反対したという報道を見たことがある。

関西では女性専用車両が通勤時間以外でも走っている。こうなると、必ずしも痴漢の防止が目的ではなくなる。「女性優先」ではなく「女性専用」なので、女性を優遇することが会社の利益になるという側面が強くなる。その上、それ以外の車両に乗って女性が痴漢に遭えば「自己責任」と片づけられる。こうなると、「女性中心」とは言えても、それを男女平等と単純に呼べそうにない。

映画や食事などで、女性のみの割引料金が用意されていることはある。男性にとっては、同じサービスを受けるのに、女性より余計稼がないといけない。男女平等への逆行に、フェミニストが反発したと聞いたことはない。

親権や家庭内暴力についても、男性優位社会を前提とするかどうかで、議論がかみ合わず、不毛な論争が繰り返されてきた。

親権については、女性が得る割合が八割だから、圧倒的に女性が有利だと言える。しかし、子どもの面倒を見たくない男性にとってもこの割合は有利だ。不利だと思うのは、子どもにかかわり続けたいと願う男性と、仕事をこなすのに育児が負担になる女性だ。この場合有利だと感じる男女は、「男は外で仕事、女は家で家事育児」という伝統的な家族観を持っているだろう。とすると、この割合を肯定して議論することは、平等ではなく「伝統」に基づいているこ恐れ入りますが、切手をお張り下さい。

〒113−0033

東京都文京区本郷
2−3−10
お茶の水ビル内
（株）社会評論社　行

おなまえ　　　　　　　　　　　　　　　　　　　様

（　　　　　才）

ご住所

メールアドレス

購入をご希望の本がございましたらお知らせ下さい。
（送料小社負担。請求書同封）

書名

メールでも承ります。　book@shahyo.com

今回お読みになった感想、ご意見お寄せ下さい。

書名

メールでも承ります。　book@shahyo.com

とになる。暴力は男性から女性へのものが多いから、と男女間の支配構造を強調して単独親権制度を擁護する論理も、もちろんこの支配構造を再生産する。

日本でも、家庭内暴力への取り組みは女性たちがはじめた。多く、「ＤＶ夫」から母子を逃がすのを助けることにエネルギーが割かれた。実際、ＤＶ防止法ができ、女性は避難のためにシェルターに入ることができ、保護命令が出され、市役所に申請すれば引っ越し先も隠すことができる。

しかし、シェルターに避難ができるのも保護命令が出されるのも女性のみだ。なぜなら、男性が入れるシェルターは日本にはほとんどないからだ。「加害者」から逃げるため、住所非開示の支援措置を申請するのもほとんどが女性だ。もっぱら女性が離婚弁護士や女性センターに相談できても、男性の相談場所は限られているし、具体的な支援にたどり着かないからだ。

男女共同参画局がＤＶに関する統計を毎年出している。それを見ると、女性の三人に一人、男性の五人に一人が、精神的・経済的なものも含めて配偶者からの「暴力」を受けた経験がある。その割合は三対二。過去一年間で見ると近年割合は同等か、男女の被害の割合は逆転し、男性が暴力を受ける割合がやや高くなっている年もある。

実際、かつての女性がそうだったように、「男らしくない」というジェンダーバイアスもあって、男性は受けた暴力を暴力と認識することが難しいし、六割が誰にも相談しなかったというアンケート結果もある。

実際の物理的な暴力は男性の割合が高くても、包丁を出されたり、ぼくも経験があるけど、ハサミで持ち物を切られたり、やるほうもされるほうもそれを暴力と認識していない被害を受けている男性は少なくないだろう。実際のＤＶは、精神的なものも含めれば、多くが相互的なものだ。

日本のＤＶ対策は述べたように民事対応だ。被害者が女性であるという推定のもと、女性からの主張で、立証責任もなく保護命令や住所非開示措置が取られるので、実際には暴力などふるっていなくても、行政や裁判所では「加害者」として扱われることになる。これは根拠がなければ名誉棄損で人権侵害にほかならない。

しかし、「それが間違っていたとしても、子どもと会えなくなる程度で保護のためには問題ない」と主張する弁護士の意見を聞いたことがある。これは根拠なく「加害者」の汚名を着せられる側の人権への配慮が著しく欠けているだけでなく、親と引き離されて、両親からの愛情を受ける機会を損なわれる子どもの側の権利を無視している。

なぜこういった主張がまかり通るかと言えば、それは女性は被害者で、子育ては女性の役割だからという推定があるからだ。そして、子育てを平等に分担できる機会を男女双方に保障するのが共同親権なら、それを「男性からの支配が続く」「男性から口を出される」と反対するのは、子育てという女性が占めていた領分を侵されることへの感情的な抵抗だということになる。

共同親権運動への「男の人たちがメソメソしていてみっともない」という批判が、性差別に基づいていることは言うまでもない。

会わせないのに金をとるのか？

二〇二〇年五月二九日、「法務大臣養育費勉強会取りまとめ」が公表された。これは森雅子法務大臣の私的勉強会が取りまとめたもので、離婚前に養育費金額の取り決めを原則義務化するなどの内容が盛り込まれている。こういった動きは、同居親団体からの提言や自民党女性活躍推進本部からの首相への要請という形で、政治課題の上位に上げられてきたものだ。

二〇二一年一月一五日には、上川陽子法務大臣が、養育費の履行確保や面会交流、そして共同親権にも言及しつつ、法制審議会に家族法の見直しを諮問した。答申が出れば民法改正につながる。

養育費の履行確保を促進するという点で問題がないようにも聞こえるこういった動きに、ぼくたち共同親権を求める側が逐一反発して、要望書を提出した。どこが変なのだろうか。

これらの背景には、シングルマザーの貧困が社会問題として話題にされたことが大きい。勉強会報告では、養育費を受給している母子世帯は二四・三％、父子世帯三・二％（厚生労働省・平成二八〔二〇一六〕年度全国ひとり親世帯等調査）で、二〇一一年の調査結果と大きく変わっていない。

前年には、弁護士出身の明石市の泉房穂市長が、養育費不払い者の氏名公表の条例化を表明したこともある。養育費の不払い問題の解決が、不払いの親へのバッシングとともに注目されてきた。そして最高裁判所は、二〇一九年の一二月に養育費の算定表を改訂し、より高額の養育費請求ができるようになった。

一見よさそうに見えるこういった政策も、親子の引き離しが放置されていることを視野に入れると全然違って見える。

例えば、先の「法務大臣養育費勉強会取りまとめ」では、「大原則として、養育費と面会交流は法的に別問題であり、養育費の支払を求める代替として、面会交流を強制される関係にない」と述べる一方で、「面会交流支援を実施して適切な面会交流を実施・継続することによって、養育費の履行が促されることがある。自治体の取組も進んでいるので、面会交流に対する公的支援の検討も必要である」と述べている。「会わせたくないけど金は欲しい」けど「金が欲しいから会わせる」のか。

養育費と面会交流は、経済的にせよ、実際の世話にせよ、ともに子育ての一環だ。親権者からの要請と親権のない親からの要請は、法的に区別すべきというなら、親権のない親を見下しているだけだ。やはり、経済的にも、実際の子どもの面倒の面でも、男女が平等に分担し合うのが「車の両輪」だ。

「取りまとめ」でも述べているように、子どもに会わせれば養育費を支払うようになるのは、インセンティブ確保という面では当たり前のことだ。引き離しを放置しておいて金をとるというのは「虫がいい」だけでなく、もっぱら支払う側とされる男性の、元妻と社会への敵意を増幅する。

実際、アメリカでは、不払いの親の氏名公表や、免許やパスポートの停止、さらには収監など強硬な手段が取られている。しかし、多額の税金が投じられていながら、履行確保の成果はなかなか上がらない。しかし共同養育の父親の八五％は養育費を完全に遅れずに払うというデータは他の同様のデータとともに司法の男性差別を解説した『ファーザー・アンド・チャイルド・リユニオン』で紹介されている。当たり前のことだ。税金だって支払いたくなる仕組みがなければ、課税負担に苦しむ民衆の国への怨差が増すだけだ。

特に海外では、養育時間が増えれば養育費の負担割合を下げるトレードオフの関係にして、双方の親が養育に積極的に関与できるような仕組みを持つ国が多い。こういった仕組みは、親の子育ての選択肢を増やすという点で理にかなっている。そもそも、養育時間も養育費の額も、別居や離婚のときに取り決めておかないと、履行の確保などできない。

もちろん、支払う側が女性でも、高額化した算定額は、以前にもまして加重負担となる。養育費の高額化は、男女の賃金格差を固定、もしくは広げる方向にベクトルが働くので、女性の社会進出にはブレーキがかかり、男女平等に逆行する。そもそも支払っている親はいい親なのに、その親たちを虐待してどうするのだろう。

単独親権制度による「単独子育て」の押しつけが、「ひとり親」を量産し、シングルマザーの貧困を生み出している。こういった主張は、女性中心主義のフェミニストには受けが悪い。支配階級の男性の側に配慮した施策は感覚的に「バックラッシュ」に思えるし、保守的なシングルマザーのリーダーにしてみれば、相手からにせよ国からにせよ、会員に金銭的な利益を配分して組織の求心力を高めるという手法が使いずらくなる。

こうやって考えていくと、母子世帯の養育費受給率二四・三％というのも怪しく思えてくる。何しろ、収入額によって受給額が変動する児童扶養手当をたくさんもらうには、養育費はもらっていないことにしたほうがよい。そして、養育費を受給しているかどうかを役所に伝えるのは自己申告だ。そういう同居親が、「養育費を受け取っていますか」という国のアンケートの設問に「はい」と答えるだろうか。ぼくの身近にも、不仲でもないのに、行政からの手当てを引き出すために、あえて世帯をわけて別々に暮らす「偽装離婚」夫婦がいる。

虚偽申告を放置しておいて、行政が受給できない親に対して立て替えるとなると、不道徳なだけでなく、もはや税金の無駄遣いである。

離婚産業が問題？

子どもと引き離された親たちの相談を聞いていると、大方の場合、子どもを連れ去られてしばらくすると調停を申し立てられている。中身は離婚調停と婚姻費用（「コンピ」と言われる）分担調停だ。

コンピ調停というのは、民法にある結婚の効果として、協力・扶助義務があるのを根拠とする。つまり結婚を維持するためにかかるお金だ。離婚したいのに、結婚を維持するためのお金を請求するというのはどういうことだろう。だけど、裁判所は離婚するまでの間、この費用分担の請求を大方認める。

あまり道理が通っていないように感じるのだけど、夫の側が「おかしい」と理屈を言っても通用しない。実際、子どもと引き離されてショックで職を手放した夫が、定職のある妻にコンピを請求したら、出てきた裁判官が「男が請求するなんて聞いたことがないけどね」と言い放ったというエピソードを聞いたことがある。

「コンピ」という言葉自体、離婚や別居のときにしか聞く機会がないし、法律用語だけに弁護士が手続きを斡旋する。矛盾を弁護士は深く考えることなく、男性からはとれるものだからとクライアントの利益のために請求する。もちろん請求された側は、その理不尽さに憤る。

離婚を請求する側がコンピを請求するのは、ただ「もらえるから」だけが必ずしも理由ではない。

「夫の側は、妻の扶養分を減額するために早く離婚しようと考える場合があるからです。本来婚姻費用の分担は、婚姻した夫婦がお互い協力しあうことが前提の制度なのに、離婚を促すために使われている」

この件について、共同親権訴訟の代理人の古賀礼子弁護士に質問したとき、そんな回答が返ってきてなるほどなと思った。いわゆる「兵糧攻め」だ。

もちろん、弁護士側にも利益があることで、婚姻費用や養育費の支払い先が弁護士の口座に指定され、ピンハネされて多く母親に渡ることになる。養育費は子どものためのお金だから、たとえ母親側が受け取り側だったとしても、自由に手を付けて弁護士に渡していいお金ではない。

ところが、こういった「慣習」には国も関与している。法律サービスを身近なものにするために政府が設けた日本司法支援センター（「法テラス」）の成功報酬基準のことだ。

離婚時に起こした養育費請求調停で、夫から毎月一〇万円の養育費を受け取る約束ができたとする。法テラスの算定基準では養育費の二年分が「受けた利益」として報酬算定される。たとえば月額養育費が一〇万円であれば、「一〇万円×二四か月＝二四〇万円の一〇％＋税」が報酬になる。養育費を月々一〇万円とれるクライアントを一〇人見つけたら、月一〇万円が固定収入になる計算だ。これは弁護士の顧問契約の二件分だ。

離婚事件というのは、かつては女性の弁護士が中心になって取り組んできた分野だ。多く、主婦の経験しかなく、職を得ても低収入といった、社会的に不利な立場にある女性が、夫から殴られても別れられないような状況から救うために、婚姻費用や養育費、慰謝料を確保して自立のための資金源とすることが彼女たちの役割だった。ただし、現在はそういった手法自体がパターン化し、行政、司法、支援団体に定着して産業化している。

例えば法テラスを利用すると、三〇分の相談が三回まで無料だ。一方、弁護士は一回の相談につき五〇〇〇円を法テラスから受け取る。相談者が法テラスの弁護士に依頼すると、事件の種類に応じて決まった額の着手金が弁護士に支払われ、依頼者は分割で法テラスに償還する。扶養料や慰謝料の請求も成功報酬の対象になる。

母親が主婦のまま子連れで別居して、生活保護を受けていた場合、法テラスへの支払いも免除される。古賀さんは「クライアントは金銭負担を感じることなく、弁護士をつけて調停・裁判を起こせる」と解説した。

生活保護を一五万円受けとっている母子家庭で、婚姻費用を請求して月々一〇万円を受け取ることができたとする。「実際は回収した婚姻費用は収入に認定され、生活保護費からの国庫への返還になるので、母親が得る生活費は変わらない」（古賀さん）。

ただし、父親からの婚姻費用の支払い先は母親側の弁護士の口座が指定され、そこで一万円が差し引かれ、残りの九万円分が生活保護費から返還される。「父親からしてみれば婚姻費用を支払っているのに、子どもには会えず、妻も子どもも全然生活水準が上がらない」（古賀さん)。得をするのは弁護士だ。

実際、司法制度改革で弁護士の数は増え、食えない弁護士も増えたことから、離婚はそういった弁護士たちの新規開拓の分野となっている。ホームページで離婚について扱っていると見てくれよく宣伝すれば、顧客がつく時代だ。ぼくの元パートナーは、現在ネット広告も出し、家事事件については「国内トップレベル」を標榜する弁護士事務所に依頼し、その代表弁護士は東京家庭裁判所の調停委員だ。それで調停では「子どもが会いたくないから会わせない」と言っている。家裁の決定が利益誘導を招いている。家事事件は事件数を増やしやすいのでその度に着手金を得られる。

養育費についても、共同親権のもとでは、等分に養育時間を分け合えば、養育費も発生しないのが道理だし、実際、そういった制度を採る国も少なくない。しかし日本の場合、子どもを先に確保すること自体の違法性が問われないので、夫婦仲の困難で相談に来たクライアントに子どもを確保させる。そして、「離婚するまで会わせない」とか、求める養育費の額を提示して、「条件をのむまで子どもに会わせない」という人質交渉を弁護士がする。そういった書面を、引き離された親から日常的にぼくは見せられている。

関係をこじらせれば弁護士が金銭を得られる仕組みで、司法や行政、支援者も含めてこういった仕組みを前提に動いているという点で、もはやこれは立派に「産業」だ。

二〇二〇年六月一日、ZOZO創業者でスタートトゥデイ社長の前澤友作氏が、養育費を元パートナーに代わって支払う保証サービスを行う「株式会社 小さな一歩」を設立したことを発表した。このサービスでは、母親（父親）から養育費のうち一五％を受け取り、母親（父親）に代わって収入に応じた養育費を請求し、支払いが滞る場合があっても、子どもが成人するまで一定額を母親（父親）に支払う。

スマホでも申し込めるという手続きの簡便さが注目され、有名企業の社長が母子家庭の苦境に手を差し伸べたとして話題になった。ただ弁護士法人などは以前からこういったビジネスモデルをとってきた。これまでと違うところは、従来の弁護士法人などの「保証料」が五〇％とピンハネ率が高くても、二年など期限を区切っていたのに、「小さな一歩」は子どもが成人するまでずっと一五％の「保証料」を受け取り続けるということだ。

「小さな一歩」のサイトでは、「養育費は子どもの権利」とサイトに明記している。たしかに、養育費は子どもの成長のためのお金で、例えば子どもの学費や食費、衣服代などと同じだ。母親が何でも好きに使っていいわけではない。何しろ支払う側も親で権利がある。

こうやって見ていくと、養育費産業とは、支払う側の親としての権利をはく奪し、単なるATMとみなして搾取するという、差別を前提にしたシステムだということがよくわかる。もちろん子どもも搾取されている。そしてこのシステムが適切に機能するためには単独親権制度が必要なのだ。

面会交流支援もビジネス

最近では「会わせないのに金をとるのか」という批判に押されて、面会交流の支援サービスの団体も現れている。特に裁判所調査官のＯＢが中心になって作った家庭問題情報センター（ＦＰＩＣ）は、全国展開していて面会交流支援のデフォルトを規定する力がある。月一回につき、三時間までの付き添いで、一万五〇〇〇円の利用料をとる。この頻度が裁判所の面会交流頻度を規定していて、いわば、家庭裁判所ＯＢの再就職先確保のために、裁判所の面会頻度が決まっている。

ぼくも利用したことがある。エフピックは利用料は双方に折半を勧める。

一見中立に見えるけれどそうではない。同居親側が「全額払わなければ利用しない」と言えば、別居親側が負担する。そうなると、別居親にとっては子どもに会うための手数料となる。また、月に一度の支援以上のことはしないし、同居親、別居親でするアドバイスがそれぞれ違っていて、別居親側が学校行事に参加するなど親として当然のことをすれば、「支援を引き上げる」と恫喝する。双方をもともと対等とみなしていない。

その上、二〇一五年からは三年間、養育費相談支援事業などに一億五四〇〇万円を国から得ている。養育費を子どもから得るためには一度引き離すことが必要だし、頻度が増えてもともとと協力できているのであれば、収入が絶たれ組織の維持ができない。つまり別居親はこの組織にとっての「カモ」だ。

ぼくも学校行事に行ったことで、エフピックから支援を引き上げられ、そのとき、「あなたは親権者じゃない。親じゃないだ」と担当職員が言い放っていた。その後、子どもを会わせなかった元妻に、ぼくが損害賠償請求をすることで、規定通りの面会交流が実施されることになった。

つまり、強制力があればエフピックのような組織は最初からいらないし、「母親が会わせないなら父親に親権者を変更する」という裁判所の姿勢があれば、ほとんどのケースで不履行はなくなっていくだろう。支援は決定を出した裁判所がすべきなのだ。ところが両親間で養育時間を分け合うことに、エフピックの基準が障害になっている。つまり、家庭裁判所の職員の利益のために、子どもの連れ去りが放置され、単独親権制度が維持されている。実際、面会交流の必要性を唱えている組織だけれど、単独親権制度の改廃についてはこの団体は態度を表明することを固く拒んでいる。

ＤＶにも連れ去りにもない刑事介入

なぜ単独親権から共同親権への転換に際して、強固な反対意見が出るかということを、利益という側面から説明してきた。ただ、こういった産業構造が維持されるにおいて作用する日本独特の側面はある。すでに述べたように、それは「民事不介入」だ。

本来そのような根拠もないにもかかわらず、共同親権になればＤＶ被害者を救えないかのような主張でもって、危機を煽って反対世論を高める手法がパターン化されてきたのは、ＤＶや虐待など、日本の家庭内における人権侵害行為に対する介入が刑事ではなかったからだ。戦前の家父長制では、家長に家族の生殺与奪の権が与えられていて、その伝統は今も続く。

家族間で傷害や暴行などの行為があった場合、よっぽど重篤なものでない限り、警察は事件化しない。よくあるのが、突然妻子がいなくなったと夫が警察に来ると「安全なところにいます」とだけ告げられて、あとは何も教えてくれないというパターン。この場合、夫の側のＤＶが疑われて、妻の側がシェルターなどに収容されている。しかし本当にこれがＤＶなら、捜査や夫の側への聞き取りがなされないと加害者は放置されたままだ。

また、家族間の人権侵害が事件化されないのは、暴力だけでなく誘拐においても同様だ。ＤＶの犯罪化が図られるとき、路上で人を殴っても暴力なのに、どうして夫が妻を殴ったら暴力じゃないのか、と疑問が出された。ところが、親による拉致をぼくたちが主張すると、避難だから「連れ去り」と言わないでほしい、と反発する人が少なくなかった。

こういった主張の背景には、「子どもを守るのは女の仕事」という性役割だけでなく、この性役割に基づいて民事的に対処していたＤＶにおける「避難」の手法が使えなくなることへの、反発や恐れがある。

ＤＶシェルターは売春防止法に基づく婦人保護施設を転用し、あるいは民間に予算が振り向けられることで支援は成り立っている。施設は稼働しなければ予算を削られるので、収容者を確保し続けることが自己目的化しかねない。

実際、ＤＶ防止法ができて、ＤＶが犯罪と言われるようになった後、ＤＶの定義は、身体的なものから精神的・経済的、そしてデートＤＶや面前ＤＶ、最近では「社会的ＤＶ」へと、その対象は広がる一方だった。もはや「家庭内暴力」という言葉の概念を超えている。精神的ＤＶは現在ではモラハラという言葉に置き換わったけれど、この被害は主観が大きく作用する。「思ったらＤＶ」という言葉があるように、「思われた」だけで「加害者」にされるのは主観だけど、問題は、それで行政が「ＤＶ加害者」とラベリングすることだ。女性相談や警察への相談履歴があれば、自治体の首長が「加害者」に対し申告者の住民票の開示を拒み、住所を秘匿してしまう。女性にとっては、「被害を受けた」と申告するだけで、検証される恐れもなく、支援もお金も親権も最終的には得られる。離婚へのインセンティブは大きいし、また、離婚すると言わないとその後の支援も受けにくい。

ぼくの知り合いには、子どもの住所を秘匿されたので自力で子どもの学校や居場所を見つけ出し、その度に引っ越しされて再び支援措置で行方不明になって探しはじめるということを繰り返している人がいる。子どもの学校を見つけて学校に出向いたときには、元妻に見つかり衆人の前で元妻に暴行を受けている。帰宅したら妻子がいなくなっていたので、防犯カメラの画像を調べると、市役所の職員が荷物を持ち出しているのが映っていたという話も、別の知り合いから聞いたことがある。

女性にとっては手厚い支援だけれど、この「保護」は男性には適用されない。男性の側は、実際の暴力の加害者でも被害者でも濡れ衣でも、刑に服して社会復帰することも、身の潔白を晴らすこともできず、その後は人間ATMとなり、多く子どもとも会えなくなる。

犯人は単独親権じゃなくてDV施策の性差別

簡単に言ってしまえば、現在のDV施策は失敗している。営業成績とはいえ、DVも虐待も認知件数は伸び続けている。そして単独親権制度のもとで、子どもの奪い合いから生じる事件は毎年ある。象徴的だったのが、二〇一二年に熊本県での事件だ。この事件では夫が義母を殺し、妻に重傷を負わせている。

当時の報道では、夫は「子どもの親権や養育を巡り、電話口で元妻や義母と口論となった。『来るならこい』などと言われ、かっとなった」とコメントし、妻側は「これまで（同容疑者に）暴力を振るわれたことはなく、ここまでされるとは思わなかった」と述べている。単独親権による子どもの奪い合いが、暴力を誘発したことを物語っている。

では日本のＤＶ施策はなぜうまくいっていないのだろう。

それは先に触れたように、もともとＤＶ施策自体が支援体制の維持が自己目的化し、ＤＶの抑止をターゲットにすることを怠ったのが大きいだろう。ＤＶ法はことが起きた後のアフターケアの法律だ。

例えば、二〇二〇年には、性被害に対する刑事介入の強化の議論が高まった（実際に性暴力の数自体は増えていない）けれど、ＤＶに対する刑事介入の強化の議論はＤＶ法ができて二〇年もたち、その間定期的な改正がなされているというのに、政策課題の上位には上がってこなかった。ＤＶは密室で起きるので立証が難しいなどの理由が挙げられる。しかし、衆人環視の中で起きる事件などめったになく、密室で起きて立証が難しいのは他の刑事事件でも同様だ。

むしろ刑事関与が強まり、他の刑事事件と同様、証拠主義がＤＶにおいても定着すれば容疑者は逮捕・収容されるので、シェルターへの避難も限定的になる。現在は刑事化による真実の究明や、刑に服することによる社会復帰よりも、数を稼ぐことが支援者に求められる。これが

ＤＶの抑止につながらないことは明らかだろう。現在のＤＶ施策が、男女で加害／被害を分けていることの弊害は大きい。

よく親子の引き離しの問題に取り組んでいると、「ＤＶは女性の運動の中で法律が整えられていった。だから男性もがんばらないと」と言われることがある。しかしこれはおかしな主張だ。例えば黒人が軽微な罪なのに、理不尽に白人の警察官に現場で射殺されたとする。その時に「黒人はがんばんないと」と言うだろうか。

こういった主張は、そもそも男性の側が悪いんだから自分たちでなんとかしろという、特定の社会的集団に対する差別を前提にしている。この場合、女性は善意の社会的弱者だ。

女性支援に携わる人が、「ＤＶ冤罪」や「虚偽ＤＶ」の主張に強く反発することがある。実際には、ありもしない暴力を裁判で主張されたり、医者に診断書を偽造されたり、判で押したような暴力被害の態様を書いた主張書面を、別々の事件で見かけたりすることは普通にある。こういった反発も同じ理由だ。結果どうなるだろう。

暴力について、女性の加害行為も男性の被害も、そしてでっち上げの暴力という犯罪もすべて放置されている。統計を見れば確かに男性から女性への暴力のほうが被害の割合が高い。しかし、女性より一般的に力の強い男性が、身体的な暴力に訴えるのに対し、コミュニケーション能力の高い女性は言葉での攻撃に長けているし、包丁を出したり子どもを人質に使ったりする。

ＤＶはパワーコントロールが問題と女性支援の人は言う。だけど、パワーは身体的なもののみならず、経済、精神的なもの、さらに情報などもあるので、女性が男性をパワーコントロールすることはもちろんある。こういった被害を男性はまだ認識する教育をされていない上、被害と口にすると「男らしくない」主張として警察窓口でバカにされることもある。だとすると、二対三という男女の被害の割合の差も疑問だ。しかし親権指定で女性は通常勝てるので、この構造を変えようとするインセンティブは、現在の制度を前提に支援を行なっているＤＶ被害者支援には乏しい。

男性から女性への暴力だけが対処されつつも一向に減らず、他の暴力は放置されている。そのうえ、濡れ衣や、子どもとの引き離しで新たな暴力が誘発されている。男女間で加害／被害を分けたおかげで、家族間で暴力が起きやすい環境は、むしろ整えられている。

実際、男性がＤＶを指摘されて暴力をやめると、今度は女性側が暴力をふるうようになったり、「そういうところがＤＶなのよ」となじられたり、力関係の逆転で、被害と加害が入れ替わったりすることも珍しくない。

「私は夫への攻撃を止めたいと思っているのに、女性相談では『あなたは悪くない』と言われるだけ」という女性からの悩みを受けることもある。

現在、加害者を野放しにしていることがＤＶ対策の課題とされるようになり、アメリカから「加害者更生プログラム」を導入して実施しているグループもある。しかしここでも加害者は男性に限定されているし、実際に参加した人に聞くと、「懺悔させる」ということに力点が置かれて、自身の男性としてのアイデンティティを傷つけられる経験をした人もいる。

ぼくも元パートナーを引っぱたいたことはあるので加害者であるけれど、性別で加害被害を分けて、「女性に対する暴力はいけないことだ」と肝に銘じたところで、男性が女性を守るものという世間の固定観念を強化するだけだ。それがフェミニストの言うように暴力の根本原因だとするなら、暴力の抑止には結びつかない。

合意できないのが問題？

共同親権になると、親どうしの合意形成が困難な場合に不都合が生じるのではないか。たとえば、「進学に同意してほしければ言うことを聞け」など、同意権を濫用するのでは、といった疑問が、共同親権の考えが知られてくるとともに投げかけられるようになった。

こういった疑問は当然想定できるのだけど、実際にはアメリカではあまり問題にはなっていない。なぜならあらかじめもめそうなことの決定についてどうするか、事前に取り決めて別れる仕組みが整えられているからだ。「協力して子育てしたければ離婚するのがいい」という冗談が、関係者から出るくらいだ。

例えば、アメリカでは離婚に際して、財産分与、養育費、親権、面会交流などについての養育計画を裁判所に提出し、裁判所の承認を受けることが必要になる。行政や裁判所が養育時間の配分についてひな形を複数用意し、半々の養育時間の配分や、一〇〇日～一二〇日の面会交流など複数のプランが選べるように促され、指針となるとともに不合理な取り決めは抑止される。こういったひな形については、心理学などの実証が根拠になり、当事者が納得しやすいものとなっているようだ。

一九九六と少し古いデータだけど、アメリカ弁護士会によれば、「離婚については、おそらく九五％以上のケースで、対立的な訴訟ではなく、当事者だけの話し合いか、調停委員による調停か、弁護士の助けを受けるかで、合意が成立している」（The American Bar Association Guide to Family Law, The American Bar Association）。裁判所が決めるのは全体のケースの二～一〇％だ（Lamb Michael E;2010,The role of the Father in Child development）。

日本の場合でも、裁判所を経由せずに本人どうしで離婚を決める協議離婚の割合は八七％（二〇一六年）で、審判や判決、調停など裁判所を経由する離婚の割合は一二％。裁判所の決定を経る審判や判決による離婚は一・九％だ。アメリカとあまり変わらない。共同親権を導入すると、取り決めがなければ離婚できない仕組みになる国が多い。強制力のある取り決めの存在は、取り決めがなくてもめることを抑止するだろう。

共同親権が定着していても、不合理な取り決めや支援の不在でもめごとが起きやすいのは日本と同じだ。そういう意味では、合理的な取り決めを促す養育時間のモデルの提示や支援があり、何より、会わせないことで養育時間の配分が変更されれば、会わせないことによるトラブルも抑止される。

「進学に同意してほしければ言うことを聞け」というのを、同意権の濫用と呼ぶのかどうかも疑問だ。そもそも別居親が養育費を負担していれば、子どもの進学先に口を出したくなるのは当たり前で、「金はほしいけど口は出すな」は対等な人間関係ではない。もめれば裁判所で決めるしかないけれど、こういったトラブルが婚姻中にもないかと言えばもちろんあるだろう。

どんないい仕組みでも悪用する人はいる。ただこういう設問は、「言うことを聞かせる」のが男性であることを前提にされているだろう。しかし子どもを使って「言うことを聞かせる」、例えば「離婚しろ」「養育費の額に同意しろ」「慰謝料を払え」などという妻の側が行う人質取引の場面に、別居親の支援をしていると日常的に接する。子どもを妻が確保しているのが前提なのだけれど、じゃあ「連れ去っていい」なんて同意を夫がしていたかと言えばノーだ。つまり設問がフェアではない。

そう考えると、こういった理由で親どうしの共同決定を避けたいというなら、婚姻中においても単独親権制度が望ましいということになる。実際には、婚姻中においても、夫婦間で対等で議論を尽くした共同決定による子育てなど、多くの夫婦で行われていないのではないだろうか。

日本の夫婦ではウンチトレーニングを夫に相談なく妻が始めて問題、というのを、友人のカウンセラーに聞いたことがある。つまり子育ての主導権は婚姻中においても多く妻の側が持っている。実際は婚姻中でも子育てから父親を疎外し、事実上単独親権である夫婦は実際のところさほど少なくないのではないだろうか。そうなると、原則は共同親権にして、場合によっては単独親権で決定権を一方に委ねる「選択的単独親権」が実態に合う。

足りないのは、婚姻内外問わず、子どものことで親どうしがもめた場合に、それを調整する仕組みと制度だ。日本の民法にはその規定がないのは、戦後民法の制定当時から民法学者の間で問題視されてきた。子どものために話し合いができないのが問題なら、話し合いを強制する仕組みを作るのがなぜ問題なのだろう。

多くの国が用意しているように、別れるにあたって養育時間の配分についてのモデルケースがなければ、子どものことで意見が違っているのだから、どんな取り決めが子どもにとっていいのか親には知識がない。

子どものことで夫婦がもめたら、女性の単独養育が強制されるなら、「最初から女が見ればいい」とやっぱり男は思うだろう。単独親権制度がある限り、平等な育児分担など男女ともに不合理だ。

「単独親権制度でも会える親はいる」？

こういった「反論」がされる度に「だったら共同親権にしてもっと会えるようにすればいいのに」と思う。つまり「反論」になっていない。

暴力など、子どもにとって危険な親はいるのだから、その場合は子どもとは引き離さなければならないという前提で、こういった揚げ足取りはなされる。繰り返すけど、単独親権制度だからといって、それ自体は親どうしも、親子間の分離も強制する制度ではなく、暴力防止などできない。暴力防止には暴力防止の施策を整えるしかない。そして今現在、機能していないのはその施策だ。

そうすると、「日本は家族への介入が少ないのに共同親権は危険」という「心配」が次に用意されていることがある。

たしかに欧米諸国では、婚姻中でも別居命令など不当な親権行使には公権力が積極的に介入しているという。ドイツでは親権制限判決数が二万九四〇五件（二〇一五年）、フランスでは九万二六三九件（二〇一六年）なのに対し、日本では、支援と介入が乏しく、自ら逃げて別居を実現し、離婚を具体化している。つまり自力救済を前提とした法体系になっているため、親権喪失審判数は年に二五件、親権停止審判数は八三件（二〇一六年）で、独仏の件数は比べ物にならないと指摘されることがある。

ぼくが小さいとき、両親が喧嘩すると姉が隣の親戚のおじさんを仲裁に連れてきていた。そういった役割は現在欧米では裁判所が果たすのだろう。

ただ、単独親権制度で家族介入が果たされているかと言えば、それも根拠はない。旭川大学保健福祉学部の中澤香織氏は「家族構成の変動と家族関係が子ども虐待へ与える影響」（『厚生の指標』五九巻五号）で、二〇〇三年度に北海道内すべての児童相談所において受理された虐待相談件数のうち、五歳、一〇歳、一四・一五歳の一二九例を分析した。一一九件の内、ステップファミリー二九件（内継父実母二四件、実父継母五件）、父子三件、母子四九件とされており、その合計件数が、実父母家族における虐待件数三三件を大きく上回っている。

これを見ると、虐待に気づき保護することが最も期待できるのは実親である父母がともに育児に関与している場合なのがわかる。この分析では、母子父子家庭、ステップファミリーで、別居実親が育児に関与していたかは不明だ。いずれにせよ、単独親権制度で親が離婚することは、虐待の抑止として機能していない。単独親権制度はどちらかの親に決定権を持たせるという仕組みに過ぎず、やはりそれで暴力を防止できるものではない。

たしかに日本は欧米諸国と違い、自力救済を前提とした家族法になっている。しかしだからこそ、子どもを確保したほうは必死で逃げ隠れる。ずっとそれが続く。

日本の民法にある親権喪失や親権停止の効果を期待して親の養育権に制限をかける場合、民法では裁判所の審査を経る必要がある。ところが単独親権制度は、単に離婚の場合にどちらかに親権を決めるというだけのルールだ。にもかかわらず、親権のない親の権利状態は、裁判所の審査を経て親権をはく奪された親権喪失の親と法的には変わらない。それで「親権がないから」と子どもに会えなくなったりすれば、明らかにダブルスタンダードだ。日本の親の権利は強いのではなく国に対して弱すぎる。DV支援や児童相談所の一時保護にしろ、行政職員の一存でやすやすと子どもと引き離される。家宅捜索ですら裁判所の令状がいるのだから今は異常だ。

親権のない親は、単に決まりだからと「親権を譲った」と思ったら、実は「親権をはく奪されていた」と気づく。原則共同親権になればこういったダブルスタンダードはなくなり、権力の介入は過剰介入との誹りを免れる。つまり、支援と介入を阻んでいるのは、実は適正な法手続きを不要とする単独親権制度なのだ。自力救済でしか物事が解決できないとするなら、だれも世話焼き役を引き受けないだろう。

その状況でドイツやフランスと同じくらいの件数があったら、日本の社会秩序は保てない。逆に言えば、共同親権で一度引き離しても家族再統合の仕組みがあってはじめて、積極的な公権力の介入が容認される。

子育ての意思がない親、困難を感じる親であっても、養育の義務を果たさせる法制度と、自分の子どもへの配慮ができるようになる支援はすぐにでもなされるべきだ。そのための制度は単独親権制度ではなく共同親権だ。つまり共同親権は最低限かつ最大の子育て支援だ。

ほんとうに共同親権で協力できる？

NHKのラジオ番組、「Nラジ」に出演したとき、別れた夫婦が子育てで協力するなんてできるのかと、アナウンサーに何度も聞かれた。まだ共同親権訴訟を起こす前で、テーマも「単独親権と共同親権」。NHKはどちらかを積極的に推進するという立場ではなかった。

いっしょに出演した共同親権推進の弁護士は、「できます」と言っていたけど、できないケースももちろんあると思う。でも、それは婚姻関係にある夫婦でもあることで、だからといって憲法学者の木村草太氏との論争を紹介したように、子どものことで合意できない夫婦がみんな離婚するわけではない。経済的な事情や体裁も含めて、損得も考えるので、離婚するしないは子どものことだけで決められないのが実情だ。

そうやって考えると、「別れた夫婦が子育てで協力するなんてできるのか？」という設問を立てるよりは、「意見が分かれたとき夫婦はどうやって子育てをしているのか？」という問いのほうが、みんなの興味をかきたてる。

多くの場合、PTAは母親に任す、進学など大事なことは父親から話をさせる（うちの場合がそうだった）など、どちらかと言えば旧来型の性役割に左右されているにしろ、役割分担で決定権をあらかじめどちらかに決めている場合も少なくない（事実上そうなっているということも含めて）。

子どものことはだいたいほとんど母親、と婚姻中であるにもかかわらず、単独親権的に子育てをしている夫婦も少なくないだろう。逆に言うと、こういった「現実的な線」を制度で担保すれば、別れた夫婦でも「約束を守る」ことで、子育てに関する限り信頼関係を培っていく可能性が開ける。そして、実際共同親権の国ではそうしている。

ただし、性役割を双方に押し付けあうとこの場合もめごとが起きやすい。ぼくの父親は子どものことで問題が起きると「お前がしっかり見てないからだ」と共働きの母に言っていた。理不尽だなと子ども心に思ったものだ。この場合、選択的共同親権は責任逃れになりやすい。共同親権を原則に、選択的単独親権にするのが現実的だ。

ここ数年、アメリカの芸能人の離婚報道でも、親権が共同親権かどうかが積極的に伝えられるようになった。有名なのが、ブラッド・ピットとアンジェリーナ・ジョリーの親権バトルだ。二〇一六年から勃発したこの紛争は日本でも伝えられ、六人の子どもについて、ブラッド・ピット氏は共同親権を、アンジェリーナ・ジョリー氏は単独親権を求めて長期化していた。当初ピット氏は飲酒で長男を虐待した疑いをかけられ、容疑は晴れたもののその後断酒。一時は子どもたちと監視付きで会っているのが報じられていた。

それが最終的には共同親権で落ち着いている。報道を見ている限り、いくらジョリー氏側が単独親権を求めて争おうとしても裁判所で認められる見込みがなかったようだ（現在もジョリー氏側の訴えは続いている）。

このケースを見ればわかるけれど、アメリカでももめるケースはもちろんある。しかし虐待容疑をかけられたにしても、結局は親子関係を取り戻すチャンスがある。制度があってこそなのだろう。そしてどんないい制度でも支援がなければ機能しない。

ピット氏は、時間をかけて親子関係を取り戻していった過程を随時報道されている。できれば親子関係が維持できたらいいなと思っている人も、やり方が社会に定着していなければ現実にはできない。

方や日本では、歌手の高橋ジョージ氏がモラハラ疑惑をかけられて週刊誌でバッシングされ、その後子どもとは会えなくなった経過が、芸能記事で克明に報じられている。高橋氏は途中で共同親権の知識を得て、それについて積極的に発言するようになっているし、子どもに会えていれば一瞬で離婚に合意していたとも後に述べている。

二つの事例が示すのは、共同親権になれば、結婚・離婚という男女間のパートナーシップのあり方は、子どもの問題と切り離され、それぞれのパートナーの考え方や関係性に応じた選択肢の一つになるということだ。

共同親権に制度的に移行すると、それ以前よりも離婚率が下がるというのはよくあることだ。

多くの離婚は女性からなされる。親権もお金も得られた状態から、別れたところで、子どものために相手との関係が続くと考えれば、女性の側の離婚のメリットはそんなに大きく感じられなくなるのだろう。

中国研究者でもある深尾葉子さんは、『日本の男を食い尽くすタガメ女の正体』という身も蓋もないタイトルの本を書いた。タガメはカエルに体液を注入し気持ちいいままに「カエル男」は死んでいく。彼女は結婚に対する言葉としては、「離婚より解婚のほうが合っている」と指摘している。家庭生活の解消のイメージとしてはそうなのだろう。別々に暮らす父母がいちいち合意をとるとするなら、それに伴う苦労は発生するだろう。それでも子どものために共同親権にするかどうかが、今私たちの社会に問われている。

再婚家庭では子どもが混乱する？

「この子には新しいお父さんができたの。だからもうこの子とは会わないで」

そんなテレビドラマの一シーンを子どものころ見たと紹介した。ところが、何十年も前に生き別れた親と再会する美談が、今もテレビ番組のネタになっている。こういった視点からすれば、再婚家庭で子どもが別々の家庭を往来するなんてとんでもない、となる。

これと対照的なのが、二〇一一年に放映されたフランスのルノーのＣＭだ。このＣＭでは、父親がそれぞれ母親の違う、三組の子どもたちをそれぞれ車で拾っていく場面が描かれている。「新しい家族」と最後の場面でフランス語の字幕がつけられている。つまり、そういった現代的な家庭に対応できる、今時の車だと言いたいのだろう。

ぼくの元パートナーは再婚して、元妻夫婦はぼくになかなか子どもたちを会わせず、現在も含めてこれまで三度、ぼくから子どもたちを引き離している。彼らの視点からすれば、それこそ離れて暮らす父親に子どもを会わせるというのは、子どもが混乱する事態だと、子どものために引き離し行為を正当化しているだろう。それでもぼくは娘の学校の学校行事に出席したりしていた。

そんな中、娘が面会交流中に「パパが二人いて困る」と言ってきたことがある。多分周囲は、「パパが二人もいていいねえ」と言ってくれはせず、娘は「パパが二人いる」ことではなく、「どちらかのパパを選ばせられる」ことに困っていたのだろう。もっと言うと、自分の父親と、母親が選ばせたい母親の夫のどちらかを父親と選ばせられることに困っていた。

子どもの側から見たら、親の離婚は家が二つのなることだ。この場合、父親は生物学上の父親一人だ。日本のように、離婚すればどちらかの親が「外れる」ということになると、母親の恋人を「父親」と呼ぶしかなくなる。こういう国では、生物学上の父親が子どもの周辺に現れることは、一度は家庭を維持できなかった自分の不名誉な行為を宣伝しているようで体裁が悪い。つまり子どもの混乱の原因は、実は同居家庭の体裁だったりする。

学校も、いっしょに暮らしていない父親が現れると、「子どもがいじめられたらどうする」と自分の子どもでもないのに余計な世話を焼きたがる。いじめるほうが悪いのだと思うけど、子どもの側からすれば、自分の親は人前に出せない存在だと言われているようで、傷つくだろう。ぼくは学校長にそう言われたとき、「子どもにはあきらめてもらいます」と答えたことがある。

東京都の区部では学校で親の離婚を経験した子どもが半分程度にもなると聞いた話を紹介した。その割合が妥当かはともかく、差別の問題として学校教育に取り入れるとしたら、ＬＧＢＴの問題より、むしろ親の離婚を経験した子どもにどう対応するかのほうが、子どもたちにとっては身近で切実な問題だろう。

実際学校にも、親権のあるなし、といった親の法的な身分の違いによって、どちらかの親を優先的に扱うべきだというような明確なルールはない。学校は親たちを「保護者」という呼称で呼ぶ。実際には、子どもの住民票のある世帯主に就学通知を送り、回答のあった者を「保護者」とみなしているだけで、それが親かどうかなんて確かめようがない。

例えば事実婚を選んで未婚で親権のない父親は、学校には少なからずいるだろう。それを「親権者じゃなから」と保護者扱いしない学校はまずない。同居世帯の親が別居親の存在を疎ましく思っている場合にだけ、「親権者じゃないから」「保護者じゃないから」と差別がまかり通り、そして親を否定された子どもは傷つく。学校側はもめごとが持ち込まれるのが嫌なだけなのだ。そしてもめごとを引き起こすのは、親権者の嫌悪感情を根拠もなく実行に移す場合だ。もちろん別居親の嫌悪感情が取り合われたりはしない。

こうやって考えると、子どもが悩んでいるのは、親が離婚したことや、父親が二人いることではなく、「離婚家庭の子どもは片親で不幸だ」とみなす周囲の目だということがわかる。

親の権利VS子どもの権利――二つの「子ども」をめぐる議論の混乱

よく子どもに会えないぼくたちが「子育ては権利だ」と主張すると、「面会交流は子どもの権利で親の権利ではない」とか、「親権は親の権利というよりは子どもに対する義務」と言い返されることがある。こういった主張をする人の中には性役割を背景に、父親の権利主張を毛嫌いする人がいる。父親は黙って金を出していればいいのだ、と言わんばかりだ。

この手の議論がなされる場合に気をつけておかなければならないことがある。それは一口に「子ども」と言っても、その意味は二つあるということだ。裁判官は「子どもの福祉」という言葉で、面会交流をとても限定的にしか認めず、養育を妨げる決定を出すことがある。ただこの子どもを親に対する「子ども」とするのか、年少者という意味での「子ども」とするのかで、

「子どもの福祉」の意味はまったく変わってくる。

　親に対する子どもという意味であれば、「子どもの福祉」はその親がどう子どもを育てるかという思いや考えと、切り離すことはできない。一方、年少者という意味での「子ども」ということであれば、その親の子育てや教育についての考えを無視して、他人の子どもの将来を裁判所が決めることにもなる。

　裁判所に行くと、「普通子どもが嫌がっていたら会わせられないでしょう」と調停委員に言われることはある。だけど、「普通」と言われてもよその子どものことは親にとっては関係ないだろう。子育てはみんながしているのと同じようにするという考えが日本には強いのかもしれない。

　繰り返すけど、裁判所の常套句は「個別の事情に応じた判断」だ。だけど、裁判所の決定は判で押したように月に一度二時間になっている。

　ただ、月に一度二時間という頻度と時間が少ないにしても、場合によってはその頻度のほうが適切なこともしかしたらあるかもしれない。でもどうして自分のケースでは、子どもと会うのが月に一度二時間というのが適切なのかということについては、裁判所は説明しない。それが前例に沿ったものであるというなら、全然「個別の事情に応じ」てないし、一般的な基準を自分の子育てのあり方に適用されても、親にとってははた迷惑だ。限定的な面会交流基準や引き離し行為が、国による親の養育権への侵害行為であるという、それが理由だ。家父長制のもとで国家機構の支店長だった親権者が国と争うなんて想定されていなかった。親は子育ての権利をめぐって国と争いはじめたテストケースの一つが、ぼくたちの共同親権訴訟（養育権侵害訴訟）だ。

親権は対外的な意味で親の子どもへの権限を規定する言葉だろう。だとすると、親に対する「子ども」を、年少者という意味での「子ども」と取り違えて「子どもの福祉」を論じれば、それは単に裁判官の主観を、よその家族に押し付けているだけということになる。実際、面会交流や親権の争いでは、判断基準があいまいで、基準がないが故に裁判官は判断しようがない。その結果、前例や子どもの「実効支配」という既成事実を追認する決定を「子どもの福祉」として正当化する傾向が強い。単なる役所の都合だ。

親の権利がほかの家族関係と比べてもいかに不当に軽視されているかの実例として、「囲い込み」の問題がある。年老いた親が他のきょうだいに囲い込まれて、自分の親なのに会えなくなってしまうという相談をぼくも受けることがある。きょうだいの不仲だけでなく、親の判断能力の低下や相続が絡むケースもある。

二〇一九年一二月には、長女、次女が財産管理をめぐり三女と対立し、任意後見人となった姉二人が、三女と母親を引き離したため、不法行為として東京地方裁判所が賠償命令を出している。このケースは、判断能力の低下した親を「子ども」、後見人は親権者と見れば、親子の引き離しとまったく同列の家族問題である。しかし、裁判所は親子の引き離し、つまり親による子の「囲い込み」に対して、損害賠償を通常認めない。

親子という家族関係が損なわれることに対して裁判所が損害賠償を認めるのは、何等かの面会交流の約束があって、それが守られない場合に、民法上の債務不履行として不法行為となる場合だ。

本書の冒頭で登場した、オーストラリア人ジャーナリストのマッキンタイアさんは、ぼくたちの集会に来て、夫婦は離婚するけど、あなたたちは子どもと結婚したわけではないだろう、とぼくたちに問いかけた。先の「囲い込み」の事例と同様、親子関係は契約関係で成り立つわけではない。

ところが親は子どもに対しては契約不履行でのみ不法行為が成り立つ。親の権利が損なわれているだけでなく、子どもが親から愛情を受ける機会が損なわれたところで、裁判所はそれを権利と認めていない。だから、「親権は子どもへの義務」や「面会交流は子どもの権利」という言葉を、親の権利と切り離して議論したところで中身はない。

東京で知り合いになった韓国出身の青年が成長の段階で母と父との間で居所を変えた事例を紹介した。それができるのも、両方との関係が切り離されることはないのは当たり前と彼が思っていたからだとも言える。双方の親の権利が確保されてはじめて、彼の意見が尊重された。

日本では、引き離された後に子どもの意思を聞く手続きを保障すべきだと、「子どもの権利」に取り組む弁護士たちが大真面目に語っている。だったら子どもの連れ去り時に子どもの意思を公平に聞くべきだろう。子どもが大きくなったとき「あなたが会いたくないと言ったから会わせなかった」と親が子どもに説明するとするなら、それは単なる親の責任転嫁だ。

そもそも子どもにとっては、親がけんかせずに仲良くしてくれたほうがいいに決まっている。子どもがどちらかの親を捨てられるようにどうすべきかなんて議論はまともじゃない。しかし、単独親権制度ではまともじゃない議論がまともに聞こえる。

父親がかかわったほうが母子ともにいい影響がある

そうやって法律家たちが「子どもの福祉」を語るその発想を見ていくと、驚くほどに古臭く画一的な家族観を持っているのがわかる。

海外から批判される実子誘拐について、それを「連れ去り」と呼ぶことを否定する場合、子どもといっしょにいるのは母親が多いのだから、連れ去りにはあたらないと理由を挙げることがある。「子育ては母親がするのが常識」と言っているだけだ。夫が妻を殴っても、妻は夫に養ってもらっているのだから、それをＤＶと呼ぶのはおかしい、という議論とレベル的には変わらない。

「子どもの福祉」にしたって、「母親が不安定になれば子どもも不安定になる」という言説が、法律家や女性支援の関係者の間から普通に出るので驚くことがある。この場合の不安定というのは、「余計なことを考えるな」「父親は忘れろ」ということとどう違うのだろう。

何度も繰り返すけど、現在の親権取得の割合は女性が八割だ。裁判所を経由すると九四％になる。この割合は一般に知られるようになってきた。「イクメン」という言葉も浸透して他人の前でおむつを換えれば褒められる風潮も広がっている。だけど、妻ともめたら子どもと会えなくなる公算が大きいと知った男性が、思想や世間体だけで子育てを自ら担うだろうか。

実際、子どもにとっては、別れた後も父親との関係を維持したほうが、成長発達にプラスになるという心理学的なデータは積み重ねられていて、海外ではそれが共同親権が法制化される際の裏付けとなってきた。

代表的なのが、ジュディス・ウォラーシュタイン氏が一三一人の子どもに対して二五年追跡して行った調査だ。臨床心理士の棚瀬一代さんの『離婚と子ども』から引用すると、「ワラスティンとケリー（一九八〇年）も離婚後の両親との継続的接触の重要性、多くの場合、離婚後の良い父子関係の継続がその後の子どもの精神的健康にとって決定的に重要であるという実証研究の結果から」（『離婚と子ども』）、当時の単独監護と面会交流の組み合わせによる画一的な措置を批判した。こういった研究は、アメリカ社会が子どもから見たら「離婚は家が二つになること」ということに気づくきっかけになり、共同監護への法の転換の実証的根拠になった。

棚瀬さんの本をさらに引用すれば、「離別家庭および再婚家庭の子どもは、非離別家庭の子どもと比較して、反社会的な行動、権威者へのより直接的な攻撃、仲間との対人関係の困難、抑うつ状態、学習困難、中途退学が多いばかりでなくて、幼児期に親の離婚を経験した大人はそうでない大人と比べて、心理的安定感が少なく、行動上の問題が多く、教育程度や生活水準が低く、結婚生活での満足感が少なく、離婚して単親になる危険性が高く、心理的に不健康であることが多いと報告されている。ワラスティンは、総じて『離別家庭は、非離別家庭に比べて傷つきやすいばかりではなくて、もろく、また子どもの変化していくニーズにも相対的に対応していない』という」

これだけ見ると、離婚家庭の子どもの問題行動を裏付けているだけだ。だけど彼らが離婚という困難を乗り越えるにおいて、どういった制度や支援が必要かという観点を取り入れながら、アメリカは共同親権・共同監護の法制度を整えてきた。

日本でこういった実証的な調査に取り組んできた人は少ない。それでも、二〇一一年には山形新聞で、東北公益文化大学の益子行弘さん（現浦和大学総合福祉学部）は、「監護親が子どもに対し、別居親と引き離す態度を取ることで、子どもの精神的不安定を引き起こす事例が多々報告されている。これはＰＡＳ（片親引き離し症候群）と呼ばれ、監護親が子どもに対して別居親の誹謗中傷を吹き込み、別居親の悪いイメージを持たせ、別居親から引き離すよう仕向けている状況を指す。ＰＡＳは子どもに、さまざまな情緒的問題や対人関係上の問題を長期にわたり引き起こすことが明らかにされており、心理専門家からは虐待行為であるとの指摘もある」と論説欄で発言し、その後二〇一三年には論文としてデータ結果をまとめている（「離婚による親子引き離しの問題点と共同親権の可能性」）。

この時点で、益子さんは、山形県内の、両親が離婚し、片親家庭の小学校四年生から高校三年生の二一二人を対象にし、「別居親と月に一回以上会っている」群と「（親の意向で）別居親と会えていない、会ったことがない」群で分け、比較している。

結果「別居親と引き離されている子どもは、別居親との関係が良好な子どもに比べて、自己評価や自己肯定感が低く、対人不安感が高いことが示され、欧米や日本の他地域での調査と同様の結果が得られている。」

益子さんは結果の背景に片親疎外があるのではと考え、「同居親から、別居親の誹謗中傷を聞いたことがあるか」と聞くと、会えている子どもの二八・二%が聞いたことがある一方、会えていない子どもは九一・一%だった。益子さんはこれについて「子どもは別居親と会っていることで別居親の自分への愛情を確認でき、同居親の言動による影響が低減した可能性も考えられる」と述べている。

また、元パートナーとの関係で、父親の関与があった場合、母親においてもいい心理的影響があるとのデータにある。臨床心理士の小田切紀子さん（東京国際大学人間社会学部）は、離婚家庭の母親三九人に面接調査を行って母親が離婚によってどのような心理的影響を受けているのかを聞きとった（二〇〇〇年～二〇〇二年、『離婚を乗り越える』）。

「元夫が養育費などの経済的援助と共に子どもに会い、余暇を共有することが、子どもと母親の心理的安定をもたらしていた。面接交渉〔面会交流〕は子どもの権利であり、子どものために必要なことである。しかし、元夫が離婚後も親役割を果たし妻（母親）と共に養育に携わることが、子どもだけでなく母親の心理的適応にも好ましい影響を与えていることが明らかになった。そのため元夫が養育に対して無責任で養育費と面接交渉がない場合、母親は自分自身の抑うつ感や不眠、あるいは子どもへの虐待、子どもの問題行動（不登校、学校での落ち着きのなさ、万引きなど）のために相談機関を利用することが多く、母子共に不安定な状態となった」

こうやって見ていくと、親が離婚を選んだ際、心理学的にも子どもが双方の親とかかわれるような制度と支援を整えることが、母子（父子）ともに必要なことだということがわかる。こういった知見は、国際的にはすでに国連子どもの権利条約にも反映されている。一八条では、「児童の養育及び発達」について第一義的な責任を負うのは父母だとして、父母の共同責任の原則を明示している。

データを見るとやはり、日本における「子どもの福祉」は、母子や父子、あるいは両親との関係という実態ではなく、父母子という戸籍が提示する家の「かたち」に「合わせる」ことに思える。だから親たちは、離婚すれば「子どものことは忘れて早く再婚して子を作れ」「子どものために再婚しろ」と言われる。そして子どもは、それが養父や養母であっても、家庭内でたとえ虐待が起きていても、「両親」がそろっていれば幸せ、と形だけで見られて家庭内への介入が手控えられる傾向にある。これが日本の「民事不介入」の原則が過剰に幅を利かす原因である。

「反対」ではなく「慎重」なわけ

二〇二〇年の二月二八日、ひとり親の支援団体でつくる「シングルマザーサポート団体全国協議会」が、共同親権の法制化に反対する署名一万七〇八筆を、当時の森法務大臣に提出した。子どもやDV被害者の安全が確保されていない現状では、共同親権は法制化しないでほしいという。虐待やDVの場合の安全の確保と、親権の議論が別の問題だとはすでに述べてきた。現状のDVや虐待施策も行き詰まっている。

だけど、こういった主張を繰り返すことで、男性の危険性を印象付け、男性や別居親の権利回復の動きをけん制することはできる。実際、NPO法人「しんぐるまざあず・ふぉーらむ」が会員など子連れで家を出た母親一〇二人に対する聞き取りで、九割が「精神的暴力があった」と答えたというデータがメディアで繰り返し配信された。一団体の内部調査がどの程度客観性があるのかということを別にしても、これを別居親の団体に聞いても似たような結果が出るような気がする。

条件を付けて共同親権に反対するという主張では多くの場合、反対意見は「慎重」という言葉で表現されてきた。ハーグ条約の加盟の議論でもそうだ。

「慎重」は反対ではないので議論がしにくい。それをわかって、立法案を修正し特例措置を盛り込ませるというのが手法になっていた。

例えばハーグ条約の場合であれば、DVや虐待の「おそれ」がある場合には、「特別な配慮」を義務付けるという条文を、国内の実施法に挿入させ、ハーグ条約の返還措置を骨抜きにしようとした。この結果、日本の海外への子どもの返還率は低く抑えられ、加盟後も他の締約国から批判される原因となっている。

表だっての反対ではなく「慎重」を求めるのは、共同親権の権利の平等性の理念や親子関係の保護の主張を、建前では否定できないことに気づいているからだ。その場合DVや虐待のおそれがある場合には、親子関係は権利として保護されるほどのものでもない、つまり「たいしたことない」と言うしかない。

「特別な配慮」というのは、特に暴力の被害者である女性の側に対してなされることが前提になっている。逆に言えば、男性の側への権利侵害を容認する主張でもある。反対と言えば対案を求められる。ところが、単独親権にDVや虐待の抑止効果はないし、親権の問題で暴力の問題を解決することはできないのだから、彼らには対案などない。

結果として守っているのは、DVや虐待がなされたという主張をすれば、親権を獲得できるという既得権ということになる。つまり、女性が親権を持ち、家長として優位に立てるという現状を維持するために、「慎重」と述べているということがわかる。

4　共同親権で何がどう変わる？

単独親権制度が子育て改革を阻む

共同親権は離婚を経験した親子だけの問題ではない。夫婦別姓や婚外子、同性婚、養子縁組や虐待、相続についても、あらゆる家族の問題で親権をどうするかがこれからテーマになる。それは家族をめぐる個々人の希望がもはや一つではなく、そしてにもかかわらず多くの人が家族に希望を求めていることの裏返しだ。共同親権とともに変わる、社会と家族のあり方の今後を考えてみたい。

二〇一九年一一月に、単独親権制度が憲法違反だと、ぼくたち一二人の親たちは、国を訴える裁判を起こした。二〇二一年一一月の段階で東京地方裁判所で事件が継続している。

国側はぼくたちの訴えに対して、単独親権制度を守る理由を「婚姻制度の意義」という言葉で説明しようとした。つまり、子どものことで意見が一致しないときは、離婚してどちらかの親が親権を持つことで意見の不一致がなくなる。そういう形で子どものことについては、夫婦間のもめごとの解決が図れるのが単独親権制度の利点で、それが「婚姻制度の意義」だというのだ。

民法八一八条、八一九条に明記された婚姻外の単独親権の規定があって、それを家族関係では強制されるのが今の法制度だ。ぼくたちは、結婚や未婚・離婚という法的な地位はパートナーとの関係のことなのに、それで子どもとのかかわりが大きく左右されることは、憲法の平等原則に違反すると主張した。親子が親子であるために子どもを養育することは、憲法一三条の幸福追求権から導き出される、親としての自然な権利であり、それが単独親権制度によって損なわれている。民法では非婚（離婚、未婚）時、つまり婚姻外において単独親権制度が規定されていて、この単独親権規定を取り払えば自ずと原則共同親権となる。

法務省の役人も、できることなら子どものために共同親権がいいと思っているのではないだろうか。もし仮に単独親権制度が親どうしの意見の不一致に対して有効な解決策であるとするならば、何も離婚や未婚時に限定せず、婚姻中も単独親権にすればいいからだ（二〇二一年一一月現在、国側は「両性の平等」と「子どもの利益」というフレーズを共同親権の立法目的として説明するようになっている）。

その間に、新型コロナウィルスの感染拡大が社会問題となり、外出制限や国境、県境をまたいだ移動の規制が断続的になされる中、世界中で家族関係が危機に陥った。特に、子どもとの関係が不安定な別居親は、「感染防止」を理由に子どもと会えなくなる事例が相次ぎ、ぼくもその相談を受けることになった。

それだけでなく、長野県の小さな山村に住むぼくは、感染が広まる千葉県に娘に定期的に会いに行くという理由で、帰宅後、客商売をする妻の実家から妻との二週間の別居を告げられ、事実上の幽閉生活が強いられた。結局、それをきっかけに、実家の意向を尊重する妻から離婚を切り出されて「コロナ離婚」になった。

この場合、ぼくは妻の実家の意向を尊重して千葉の子どもに会いに行くのをあきらめなければ、妻との家庭生活を続ける見込みはなかった。妻との関係は、妻の意向で、ぼくの娘に財産を相続させないために（そんな期待はまったくなかった）未婚だったけど、結婚式をして親族に紹介するなど事実婚だった。ところが彼女は「事実婚だから」と「離婚」を言い出した。何しろ、彼女といっしょに暮らすために一大決心をして村にやってきた。別れてしまえばここで暮らす意味が半減する。「私をとるのか、娘をとるのか」と言われているようなものだ。こういう時期にこういう選択を迫るのが単独親権制度なんだなとよくわかった。

最初のパートナーとの関係はぼくが望んで事実婚だったけど、いざ別れる段になると「私が親権者だから」とパートナーが主張して子どもと引き離された経験があるから、今回余計傷つけられた。家や両親の意向に左右され、親子関係の密接さが影響しているというのが日本の離婚の実態だった。

共同親権が当たり前ならこうはなっていなかっただろう。多くの国が別居親子の関係維持を外出規制の例外にするよう国が見解を表明している。

彼女は周囲に「こんな時期に子どもに会いに行くようなやつとは離婚してしまえ」と言われたという。いくら別居親への偏見が強くても、夫婦の関係と親子の関係が別の共同親権なら「だから離婚しろ」とは言わなかっただろう。離婚は親子の別れなのだから、緊急時に保護するような性質のものではないという発想は、単独親権制度だから出てくる家制度そのものだ。そんな経験を経て、単独親権と共同親権で何が変わるのか、現状を見ながらその将来像の一端を示してみたい。

「私もお父さんに会いに行っていいと思った」

ただ、共同親権になったらどんな社会になるかを具体的に語ることは難しい。なぜなら、婚姻外にも共同親権を法的に採用する国はそれなりに多くても、どのような制度で運用されているかは様々だからだ。それぞれの国の家族制度や宗教の背景があって、制度の変遷がなされバリエーションがある。男女平等の観点から共同親権を進めるという観点からすれば、フェミニズム、男性の権利運動双方がそれぞれ働きかけ、法制度のあり方を動かしてきた。世界的な潮流として今後もそれは変わらないだろう。

法制度において共同親権への転換がなされたところで、現在においても婚姻中の共同親権時に子どもの連れ去りや引き離しが起きているのだから、共同養育を進めるべきで民法改正は本質ではないのではないかという議論もある。これは実際、どんな制度ができたところで支援がなければ機能しないという側面を指摘している。ただ共同養育が均等な子育ての分担かそれに近い養育形態なら、単独子育てを強制する単独親権でそれに対応できると考えるのも現実的ではない。

それに、共同親権時に子どもの連れ去り問題が起きるのは、離婚後に単独親権が予定されているからだ。子どもを確保すれば親権をとれるわけだから子どもを連れ去るし、子どものことでもめたときに調整する規定が民法にはない。そのうえ、単独親権制度のもと、離婚して一方の親の専権事項として子どものことを決めればすむという解決策しかないから、親権選択について明確な基準も民法になく、裁判所は自分の主観以外に判断のしようがない。民法には単独親権以外にないいないづくしなんだから、裁判官は子どもを確保しているほうの親権をそのまま認めるしかない。

つまり、単独親権規定を撤去しないことには問題の本質的解決に結びつかない。逆に単独親権制度で起きている問題の原因を探って意味がわかれば、共同親権という別の選択肢が現実味を持つ。

単独親権から共同親権への転換を遂げた多くの国で、女性が社会進出するためには男性の子育ての分担が必要だと唱えた女性たちの運動や、子どもとの豊かな触れ合いを求める父親の権利運動が共同親権の立法措置を促してきた。一方で、ＤＶや虐待から女性や子どもの保護を求める運動は、男女双方からの権利の平等性の主張に対して、被害者の安全を重視して、立法措置における修正を求めている。

ただし、いずれの運動も、子どもの観点からの権利をどう実現するかという点を抜きには語れない。実質は自分の権利の実現であっても、「子どものために」という枕詞がまずつく。立法措置も子どものための親権制度という観点を取り入れ変化してきた。そうしなければ議論が男女の権利拡張のための対立になりやすく、多くの人たちはそういった観点でのみなされた親権議論にはついていけない。自分の子どものことを語っているわけではないからだ。

ぼくは自分がたまたま親なので、自分の権利を主張するにおいて「親の権利」を必然的に主張せざるをえない。もちろん、子どものことを考えているからそうするのだけど、自分の主張がわがままではないかと見られることについては気にはなる。

ぼくが自分たちの主張に自信をもてるようになってきたのは、自分が運動を進めて外に自分の意見を発信すると、それを見て問い合わせてきた、親の離婚を経験したり、親と引き離されたりした経験のある子ども（今は大人の人も含めて）たちとの出会いが、何度かあったからだ。

最初に国立で市民集会を開いたとき事前にメールでの問い合わせがあった。その方は、小さいときに親の離婚で父親と引き離され、「父親は死んだ」と母親に言われて育ったそうだ。ところが成人後父親が生きていることを知って、気になるものの会いにいっていいものかと迷っていたそうだ。

「私もお父さんに会いに行っていいと思った」

そんなときにぼくたちが市内の掲示板にチラシを貼り出したものだから、それを見て彼女は自分の気持ちを肯定できたという。その後実際に父親に会いに行って必ずしも歓迎されなかったようだけど、自分の気持ちに区切りをつけることができたと連絡があった。

ほかにもいろんな「子ども」たちがぼくたちのもとを訪ねてきた。

子どものころに親の離婚で父親とたまに会っていた大学生の女性は、「どうしてそんなに子どもに会いたいのかわからなかった」と話を聞きにきた。父親とは会っていたものの、母親の再婚相手を「お父さん」と呼ぶように強制されていたので、まるで「林間学校の先生に会いにいくようなもの」とそのときの気持ちを説明してくれた。

父親には母親への暴力があったものの、別れても父親と会い続けていた女性も訪ねてきて経験を語ったことがある。当時ぼくは子どもの学校に父親として参加することに対して、元妻が嫌がって、ぼくや学校に苦情を伝えられる経験をしていた。「私だったらお父さんが運動会に来てくれたらうれしかったな」と彼女は言っていた。それは子どもなら当たり前に抱く感情だ。

親の離婚後、父親と会ってはいたけど、思春期に父親と対立したことが原因で会いに行かなくなったという中学生も、訪ねてきたことがある。会いに行かなくなったものの、父親のことは気になるので、どうしたらいいものかと考えていたところに共同親権という考え方を知ったというのだ。

インターネットのSNS上では、親の離婚を経験した子どもたちのコミュニティーがあったり、ツイッターで離婚で別れた自分の親を探すスレッドが立てられたりしていて、現在は自助グループもある。それぞれ自分が抱えてきた悩みや苦しさを吐露したりしている。

実際、ぼくの娘とはこの一年ほど引き離されているものの、会っていたときには、「親なんていない」「お前なんて父親じゃない」と娘が言って、それにぼくが答えていると、母親の再婚相手がやってきて娘を連れ去るということを度々繰り返していた。これでは、まともな親子の時間を過ごせない。前は「パパ」と照れながらも決然として言っていた娘が、「あなた」や「お前」と思春期になるにつれ口にするにつれ、自分の感情がつらいよりも先に、そういう立場に立たされている娘の心を思うと親としていたたまれない。

いろいろ例を挙げてみたけど、こういった親の離婚を経験した子どもたちが、現在の制度や社会のあり方に対して抱いた違和感は、共同親権という考え方に触れることで肯定される。そして、「自分の問題ではなく社会の問題」「自分は被害者かもしれない」と気づいていく。もともと、「親が別々でも親子は親子は当たり前」という世の中であれば、彼らが抱いた問題の大きさや種類も違っていたことだろう。そのためには、「単独親権制度で親が別れればどちらの親が子どもを見るのが当たり前」という社会の常識と、「単独子育て」を強制する法のあり方を変えていくしかない。

引き離された母親たちのオブジェクション

二〇二〇年の九月一六日に、子どもに会えない母親、祖母の二三人が記者会見を開いて、この問題に注目しているメディア関係者の間でちょっとした話題になった。というのも、これまで共同親権の問題と言うと、子どもに会えない父親、つまり男性たちの問題という固定観念が強かったからだ。

実際には、二〇一八年にぼくが最初に国立で運動を始めて、記者会見をしたときにも市内の母親といっしょに望んでいるし、知り合いの範囲にそういう人がいるというくらいに、身近な存在と言えばそうだった。問題は、そういう女性は、もともと子どもがいるなんて思われてもいないことだ。男性で一人暮らしをしていても、今時別れてよそに子どもがいることなんて、びっくりするほどのことではないかもしれない。だけど女性の場合にはまだまだぎょっとすることなのだろう。

ぼくが二〇〇七年に東京の別居親の自助グループに最初に行ったときにも、そういう女性が二〜三人ほど出席していた。そのうちの一人は、自分が不貞をしたのもあってか、父親側が子どもを引き取り、子どもとは「声をかけずに見るのはいい」という約束で別れたという。その約束を彼女は律儀に守って、別れてから一〇年近く、学校などに行って声をかけないまま子どもの様子を見守っていたという。

あるとき、知り合いになった外国人の男性から「そんなのおかしい」と言われてはじめて、自分が守っていた約束に疑問を持った。逆に言えば、そういう状況では会えなくて当たり前という意見の人しか、彼女は出会ってこなかったということになる。

何度も言うけど、離婚して親権を得るのは八割が女性で、裁判所を経るとその割合は九四％にも高まる。「子どもに会えない」のは制度の問題で、裁判所では公平に判断したりしない。だけど普通の人は「会えないのはそれなりの事情がある」と思っている。別れれば女性が子どもを見るべきだという考えはいまだに強いので、子どもに会えない母親など極悪人という感覚で見られていても仕方がない。名乗り出るなんて難しかった。

それでも何らかのきっかけで、子どもと引き離されて会えなくなる母親は一定の割合でいる。感覚では別居親の集まりのうち二〜三割くらいは女性たちが占めているようだ。

もちろん、そういう女性たちの中には、子どもと引き離される前に行政などの女性相談に足を運んだ経験のある人も少なくない。女性相談に行くと、子どもを連れて避難して相手と別れるという流れになることが多い。その過程で相手がＤＶで自分は被害者だと言われる。逃げればずっと逃げ隠れ続けなければならない。

ただ、逃げることが目的ではなく、暴力があるにしても、相手の暴力をやめさせたかったり、自分の暴力をやめたかったりする人にはメニューが当てはまらない。逃げ隠れ続ける生活を子どもに強いるのはできないと判断する人もいる。

そんなこんなで逡巡しているうちに、逆に夫から子どもを連れ去られたりすることもある。そういう状況で女性相談に行っても、先のメニューしか用意されていないので対応できない。「もっと早く来てくれたら」と言われたという話もある。里帰り出産をしているときに帰宅を拒まれて上の子どもと引き離されたり、父親のほうが経済力があるので子どもを渡したらそのまま会えなくなったり、子の奪い合いの過程で会えなくなったりと、男性同様、女性が別居親になることはもちろんある。

そしていったん引き離されてしまえば、公的な支援は先に言ったように対応できず、ぼくたちのような別居親グループに顔を出すしかない。こういった状況は、共同親権の場合には改善されるものなのだろうか。

共同親権を望む「シングルマザー」たち

「単独親権でも共同養育ができている人はいる」という「反論」があることは紹介した。だから「問題のある別居親」のために共同親権にする必要はない、というのだ。もとより共同の子育てのほうがいいと思っているなら、共同親権でそれができるカップルが増えるならむしろいいことなのに。ただ、実際制度によらずに別れた後の共同子育てができているカップルはいる。

国立で市民運動を始めたとき、喫茶店で署名を集めていたら、親が離婚して母親のもとに引き取られたけど、父親とは普通に会っていたという女性に出会った。「私は日本の法律はアメリカのようになっているんだと思っていた」と、ぼくが差し出した署名を見て怪訝な顔をしていた。

一方で、共同親権を主張するのは、子どもに会えなくなった父親ばかりと思われがちだけど、父親が会いに来ない、あるいは子どもにかかわらなくなった、多く母親からの話を聞く機会も少なくない。シングルマザーと言えば、共同親権に反対というイメージもあるのかもしれないけど、実際には、単独親権で困っている人もいて、そういう人が何を望んでいるのかは話を聞くとなんとなくわかる。実際ぼくも同居親の経験はあるので、一人で子育てすることの責任の重さを体験したこともある。

ぼくたちが国を訴える裁判を起こしたとき、未婚で出産し、一歳の子どもを育てているシングルマザーから応援メッセージをいただいた。離婚した別居親の男性と交際していたはずが、彼女が妊娠したら彼が離婚していなかったことがわかって、生まれた子どもには会おうとしないという。この場合、仮に認知させ、お金をとることはできたとしても、父親として子どもの成長にかかわってもらおうとすると、具体的に強制することは現在の司法では難しいとされる。こういった問題は海外でも同様に起きている。

別居親の多くは、離婚で子どもに会えなくなった父親が多く、その場合「離婚後の共同親権」という言葉が身近なのだけど、離婚にかかわらず子どもには「パパもママも」が必要ではないかというのが彼女の主張だった。すべての子どもが親に愛されたいと願っている。そう考えるとその訴えは妥当だった。

実際、彼女に限らず、父親が会いに来ないから子どもが不憫、それに生活するうえで一定父親にも役割を果たしてほしいという母親が、集会に来て発言したり、電話で相談してきたりすることもままある。自立して仕事をしていきたいという母親ももう普通なのだから、その場合、感情はともかく子どもの父親に面倒を見てもらえたらと考える人もいるだろう。でも、関係が難しいのでどうしたらいいのか、共同親権でどのような関係や子育てが可能か、関心も高い。父親に子育てを任せてたまに会って自分は自分の時間を作るということが可能なら、女性たちにも別の選択肢が見えてくる。そういう意味ではシングルマザーだから共同親権には反対、という固定観念はもはや通用しない。

もともとシングルマザーという言葉には、未婚の母親も含まれていて、婚外子の母親の生活を保障し偏見をなくすことも運動のテーマとされていたはずだ。現在の民法では区別がつかない状況になっているけど、単独親権制度を定めた条文は非嫡出子の際（未婚）と離婚の場合と由来の違う条文がいっしょになっている。もしこの単独親権規定が削除されたなら、親が結婚している場合の子ども＝「嫡出子」と「婚外子（非嫡出子）」の区別が法律から消え、法的な意味での婚外子差別はなくなる。

現在、単独親権制度から選択的共同親権へと段階的な法改正を唱える人もいるけど、未婚の際の親責任という観点からすれば、むしろ選択的共同親権だと養育にかかわろうとしない親の意向は重視され、差別を温存してしまう。

二〇一七年七月には、最高裁判所が、相手の養育への関与を積極的に認める親を親権者とする、フレンドリーペアレントルールが争点になった親権争いの訴訟で、上告を棄却した。この裁判では、一審松戸家庭裁判所で、フレンドリーペアレントをもとに親権者を父親に指定し、従来の「継続性の原則」に沿った決定をした東京高等裁判所との間で判断が別れていた。

この訴訟は父親側と母親側にそれぞれ大規模な弁護団が組まれ、親権制度をめぐる運動間の代理戦争となっていた。最高裁はとりあえず「フレンドリーペアレントの乱」を鎮火して、現状の秩序維持を選んだ。これに対しても同居親側からメッセージをいただいたので紹介する（一部を略している）。

「今回のニュース、私もやはり疑問です。お母さんも何故そんなに父親に会わせたくないのか。暴力など、何か明確な理由があるのならともかく、父親はいた方が絶対に良いです。この方はまだお子さんがお小さいのでしょうか。

これから思春期を迎える時、本当に様々な問題に直面します。この時に父親、相談できる相手の存在は本当に大きいです。うちはいませんから、痛感しております。

実は、長女は進学校で落ちこぼれてしまい、間もなく私の実家へ引越しして別の高校へ転学致します。ここに至るまで、本当にたくさんの困難がありましたが、相談できる実の父親が不在のため、母娘で苦しみぬきました。

幸い、うちは私の両親がいますので、何とかなりますが、そうではない母子家庭も多いことと思います。またうちは娘ですが、息子さんでしたら、父親の存在はさらに重要となってくるのでは無いかと思います。」

その上で彼女は現在つきあっているアメリカ人男性の家族関係を比較として紹介している。

「一二月に家族みんなが集まるそうで、アメリカに帰省するのですが、三〇人ほどが集まると言うので、ずいぶん多いねと言うと『両親四人でしょ、兄弟が五人でしょ、その奥さんと子供でしょ……』と言うので『両親四人?!』と驚いたわけですが。よくよく聞くと、両親が離婚した後、彼は平日はお母さんと暮らし、週末はお父さんと過ごしたそうです。

週末過ごすお父さんの家では、再婚相手の女性をお母さんのように思っていて、今もお母さんと呼んでいます。その連れ子や新しく生まれた子供も兄弟だと思っていて、両親どちらかの子供になったという感覚は全く無いようです。話を聞いていても、楽しいエピソードがたくさんあって、とても明るく楽しく『石田純一みたいだね』と。そこには孤独や暗さは無く、離婚がちゃんとプラスに働いているのだな、と考えさせられました。

そのようなわけで、離婚した私や私の娘たちの話も、いつも親身になって聞いてくれて、大変心強いです。家族や子供を大切にする感覚が元々備わっているのを感じます。実の父親は、自分の娘たちがどこの高校に行って、どんな部活に入って、どんな生活を送っているのかも知りません。知りたいとも知ろうともしません。

日本人男性はどこかにやはり子育ては女の仕事と思っているのだと思います。私の前夫も再婚したのですが、その時など、新しい奥さんと上手くやっていってもらいたいので、子供たちには今後も今まで通りあの子にはどうか関わらないでもらいたい、と前夫のお母さんから連絡が来て、腰が抜けるほどビックリしました。」

こうやって比較してみると、なんだか日本の状況は辛気臭い。実際法律が出てくるのはトラブルになったときなのだけど、そのトラブル解消の仕方はもめそうな場合の解決の仕方に影響するし、それが時代の要請にあっていなければ、不平が高まるのは当たり前だ。そしてそれ以外のやり方があるとわかれば「そっちのほうがいい」と思うのは人情だ。

現在では事実婚も増えているし、シングルマザーの数も増えている。そういう場合に、実はもめたときには母親による「単独子育て」になると言われれば、「じゃあ最初から子どもは女が見ればいい」と誰でも思うだろう。

対立していても共同養育はできる

共同親権に反対する議論の中には、対立しているカップルの間を子どもが行き来するのは、子どもの負担になるというものがある。実際、共同親権に移行した国々でも、葛藤の高いカップルの間での、杓子定規な交代居住（半々の養育時間の配分）の適用には慎重な議論があるのは事実だ。では実際、一度対立を深めたカップルの間での半々の養育時間に近い形での共同養育は不可能なのだろうか。

ぼくは裁判所で相手とガチの対立をしていながら、その後共同での子育てを実現したカップルをいくつか見てきている。

友人の一人は、妻の不倫が発覚して、妻側が二歳の子どもを連れ去り居場所がわからないままＤＶ保護の申し立てをし、二年引き離されていた。二〇一三年に『子どもに会いたい親のためのハンドブック』で体験談を寄せてもらった。裁判所は月一回数時間にするよう圧力をかけたものの、審判で月二回の面会交流と宿泊の検討の決定を得て、不倫相手を訴訟で訴え、四年かかって和解で親権を彼が、監護権を妻がとり、面会交流支援団体の手も借りて、月二回の宿泊面会ができるようになった。

その後、五年後にどうなっているか様子を聞いて、二〇一八年に『改訂版・子どもに会いたい親のためのハンドブック』に体験談を寄せてもらった。お子さんは小学生になり、平日は妻と過ごし、土日に彼のもとにやってくるという生活が六年続いているという。元妻も再婚し、子どもは元妻の家でいっしょに住む再婚相手を「〇〇さん」と呼び、離れた場所に住む彼のことを「お父さん」と呼んでいた。

彼は「私たち三人の関係がよいことが、子どもにとって一番重要ではないか」と伝え、一度も親どうしでもめたことはないという。子どもは問題を起こすものの、元妻との間で話し合って問題を解決していくという。彼はこう書いている。

「元妻の家には、気を遣って滅多なことでは入りませんが、小さい子どもが沢山いるなか、まさにワンオペで育児をしている元妻にとっては、ちょっと家の掃除を手伝ってあげたり、子どもの面倒を見たりするだけでも助かるようです」

対立した元パートナーの側の心情を慮ることができるまでに、彼のほうも成長しているようだった。会えなくなることはないという余裕がそれを生んでいるのではないだろうか。

もう一人の友人の女性にも手記を書いてもらった。彼女は和解離婚で父親を親権者とし、当初、三歳の娘といっしょに暮らしていた。しかし、親権者の父親に娘と引き離され、親権者変更や面会交流の調停を起こすことになる。一方で彼女は保育園や学校に姿を現し続け、会いに行くことを意識して続けていた。面会交流の取り決め頻度は毎週なのに、実際には月に一度しか会えなくなったこともある。最終的に、面会交流の不履行の損害賠償を行って、平日の学校帰りも含めた取り決めへと面会交流が拡充されていくことになる。

ぼくは彼女から話を聞くだけでなく、彼女の娘さんにも会ったことがある。というのも、結局娘さんが「半分半分がいい」と両親に打ち明けることで、実際に、半分半分で娘さんが両親の間を行き来できるようになったので、彼女と会うときに娘さんを同伴していることが度々あったからだ。

もちろん、彼女に交代居住の知識があったからこそだけど、娘さんは、裁判所の調査官調査で「ママといっしょにいたい」と安心して言えたことが、その後自分にとって一番いい「暮らし方」ができるようになるきっかけになったようだ。先の父親とは違って、彼女の場合は元夫との対立関係は継続したままだと聞いている。

別の知り合いになった母親は、父親のもとで子どもが暮らしているものの、長い年月をかけて父親と共同養育ができる状況へともっていったことを話してくれた。運動会などはいっしょに見に行ったりもするという。最初のころは、「離婚しているのに母親がかかわるなんておかしい」と自分の両親や周囲にも言われたという。だけどそれを続けているうちに「あんたのところはそういうやり方なんだね」と認められるようになったという。

三者に共通しているのは、何らかの支援と別れた後の共同子育ての知識があって、実際にそれが実現していることだ。逆に、問題を引き起こしているのは、「単独子育て」を押し付ける単独親権制度の考え方で、実際、裁判所や弁護士、同居親側がそういう方向で動いたときが、双方の傷が一番大きくなっている。「会えなくなるかもしれない」という恐怖が話し合いで妥協を許さないからだ。

アメリカの共同監護法の普及の大きな根拠となる実証研究をしたジュディス・ウォラーシュタイン氏が、画一的な共同監護の適用が子どもに有害であると後に批判していることをもって、共同親権に反対する根拠にする主張もある。しかし、ウォラーシュタイン氏は同時に、有害になるのは「単独監護の場合も同じだ」と述べている（『それでもぼくらは生きていく』）。重要なのはウォラーシュタイン氏がこういった検証ができたのは、両親との関係を子どもが絶たれなかったことによるということだ。現在の日本のように、単独親権で同居親の連れ去りや引き離しを容認するためではない。

そう考えるとやはり、単独親権制度を廃止して「単独子育て」の押しつけをさせない社会を作ることが、やはりこれからの子育て支援の方向だ。

フランス人と結婚した父親の現実

フランス在住の日本人、内田修さんから連絡が来たのは二〇一一年のことだ。内田さんは共同親権が一般的なフランスで、内田さん自身は親権者であることに問題がないのにフランスの裁判所で親権を持つことができなかった。理由は内田さんが日本人だからだ。以来、内田さんは長くフランスで子どもと会うために苦闘している。

内田さんのケースは、日本国内で子どもを連れ去られ引き離されたマッキンタイアさんとはパラレルな関係だ。現行制度のもと、海外で日本人がどう扱われるのかを象徴的に示している。日本が単独親権から共同親権へと移行していく場合、こういった家族法制度の内外格差がどう埋まるのかも注目される。

内田さんが二人の子どもとフランス人の妻とともに、妻の里帰りとして、冬休みに二週間の休暇を過ごすために渡仏したのは二〇〇九年のことだ。ところがその三日後、裁判所の送達官から離婚申立書を手渡されている。

内田さんはフランスで裁判に出るために、日本での勤め先をやめざるをえなかった。その後裁判所は、子どもが小さいため妻の実家に同居するよう命じた。その理由が、日本がハーグ条約に加盟していないからというものだった。日本が加盟するのはぼくに連絡が来たその二年後の二〇一三年のことだ。フランスの裁判所は、子どもを日本に連れ帰ってもフランス国家は子どもをフランスに連れ戻す手立てはない、と考えたのだ。

内田さんをさらに待っていたのは、子どもとの面会も妻の実家の中のみで、外に連れ出すことも禁止するという判決だった。内田さんは監視カメラを据えられた妻の実家で子どもと会うはめになる。こうなるともう「日本人を見たら犯罪者だと思え」だ。

国際社会は、内政干渉と言われないように、ハーグ条約への加盟を日本に促していたのだけど、加盟しても日本は国内の法制度を国際基準に合わせず、国内外のダブルスタンダードが継続した。そこで、国内で日本人と結婚して連れ去れた外国出身者の父親たちが、再度ＥＵ議会に働きかけて日本への非難決議を上げた。

もちろん、内田さんの状況も、日本国内の状況が変わっていないので、妻の実家での面会が、面会所と言われる施設での面会に変わっただけだ。依然として共同親権を持つこともできないし、外で自由に子どもと会えない。

ハーグ条約に加盟するとき、海外で孤立した母親たちが日本国内に帰ってこられないなんてとんでもないと、子連れ帰国（子どもから見たら出国）を擁護する声が日本の国内では高まった。では、海外で一人でフランスの裁判所とたたかっていた内田さんを、だれかが支援したのだろうか。内田さんは子どもと過ごすためにはフランスに住むしかないと、フランスで仕事を始めて、その苦境ぶりが地元の新聞で紹介されたりもしている。その記事で妻側の弁護士はこう述べている。

「子どもの国際的な移動について　日本がハーグ条約にサインし加盟していても、日本は共同親権をまだに認めていないので、日本人親が親権において有利になるのではないかという恐れがあります 」(SUD OUEST　二〇一七年一一月二一日)

日本国内で内田さんのことを紹介したメディアは見たことがない。

それどころか、ハーグ条約に加盟して五年も経った二〇一八年には、フランスの日本大使館で、「国際結婚に伴う子の親権（監護権）とハーグ条約セミナー」というイベントが外務省と日弁連の共催で開催されている。ハーグ条約適用で返還になることをマイナスに受け止めてのものだ。

例えば、子どもの返還を免れるには、ＤＶを理由にすることが有効。しかし、ＤＶ被害者を保護する制度がよくできているフランスのような国だと通りにくいので、度重なる警察介入や被害治療の履歴、シェルターが満員で入れなかったなどの証拠を周到に準備してから連れ去るのがよいなど、具体的で戦略的なアドバイスがなされた。出席者が録音したものがインターネット上で公開されている。

海外政府は、国ぐるみ、法曹ぐるみの脱法支援、国際条約違反と思っただろう。

念のため言うけど、子どもの親は両方の国の出身者だから、海外の国が自国民保護のために子どもの連れ去りを批判するのは当たり前のことだ。そしてフランスでフランスの裁判所の指導のもとに、父親である内田さんに会うことができない内田さんのお子さんたちも、フランスとしては、差別的ではあっても人道的な観点からのやむを得ない措置と正当化することはできる。この場合、フランスの国内法を日本に合わせて単独親権制度にすることは、子どもの両親が両国に所属する以上、現実的ではないだろう。日本が共同親権になれば、フランスの裁判所も内田さんを罪人扱いする理由が乏しくなる。

「争ってくれたほうがよかった」

共同親権になれば元夫婦間の争いが継続することになり、その間で子どもが板挟みになって苦しむ、だから離婚後は単独親権のほうがいいという議論がある。また、単独親権でも協力して子育てできる夫婦はいるのだから、そういった夫婦だけが共同親権で、あとはこれまでと同じ単独親権にすればよい、という選択的共同親権の議論もある。そしてぼくたちが、親子が親子でいられるように共同親権にするべきだと述べると、子どものことを考えていないと感情的な反発を示されることについても触れた。

選択的共同親権と言えば、柔軟な制度のように聞こえるけど、結局今の単独親権制度をもとにした、家族間の序列構造を維持して別居親を下級市民にし、引き離しを正当化する主張にすぎない。なぜなら、子どもを連れ去られたり、引き離されたりした側が、選択する余地はないからだ。選択するなら子どもと引き離される前にすべきだろう。

実際、共同親権の国々では、子どもがいる夫婦が別れる場合、養育時間の配分（面会交流）や養育費の分担額が決められて、進学や入院などについての同意といった大きなものから、塾や習い事、学校へのかかわりに関する日常的なものまで、同意の範囲が細かく取り決められる。

通常、同居している夫婦でも、何から何まで共同で子どものことを決めているのはむしろまれ、というのは何回か触れた。

そういう意味では、日本でも婚姻内外問わず選択的な単独親権がなされる余地はあり、それを制度化するのが妥当だ。つまり、平等な養育時間についての機会の均等を前提に、子育てについて柔軟に分担しあう仕組みが求められている。

しかし日本の選択的共同親権の議論は、あらかじめ男性に子育てに口を出させないという、これまた性役割に基づいた観点から主張され、その場合、引き離された側（多く男性）は加害者だと推定されている。

加害者が権利を主張するなんてという発想だと、ぼくたちが子どもに会いたいなんて言うとおこがましく映るだろう。ぼくも顔と名前を出して発言をしていると、「宗像さんはいいけどほかの人は……」と、多くフェミニズムの理論に疑問を感じない人から、偏見に満ちた発言を何度も受けた。別居親たちが親子分離を放置する社会のあり方に目を向けたのは、子どものことを思っているからだろう。

もちろん、引き離すほうも子どものことを思っているけど、子どもにとって何がいいかはお互いに違うわけだから、双方の主張を生かそうと思えば、養育時間を半々で分け合うことのできる共同親権にするしかない。

いったん親権をめぐって争っても、日本でも支援や共同養育の知識があれば、協力しあえるパートナーがいる。そして、親の争いに巻き込まれれば子どもが苦しむ、というのはよく言われることだ。だから、子どもを連れ去られて引き離されても、権利を主張するより、相手の感情に目を向けるべきだという支援の方法論がある。それで会えるようになる人もいる。ただしその保証はない。むしろ連れ去れた側がその不当性を訴えられない制度自体を放置するのは、フェアではない気がする。

その場合、現行制度の枠の中では、親権を争ったり、あるいは自身の被害を立証して損害賠償を得たりするという形で、相手の不法行為を認定させるというのが、司法を通じた解決の仕方になる。多大なエネルギーと金銭的な負担がかかるうえに、もちろんお互いに傷つけあう。こういったことはやはり子どものために避けるべきなのだろうか。

「争ってくれたほうがよかった」

ぼくがそういった一般論に疑問を持つようになったのは、その言葉を聞いたからだ。彼もまた子どもと引き離された父親で、ぼくが知り合った当初は離婚と親権をめぐって妻と争っていた。彼の場合は、自分もまた小さいころ、父親への思慕が満たされない経験をもっていた。

彼の父親は、彼の母親とは別に妻がいて家庭を持っていた。彼は婚外子だったわけだけど、父親とは電話で話すだけの関係でなかなか会ってはくれなかったようだ。その彼からしてみたら、親が子どものことで争ってくれるくらい関心をもってくれていたほうが、まだましだというこことになる。だから自分が子どもと引き離される立場になったとき、たとえ勝てないとわかっていても、相手と争うことに躊躇がなかった。考えてみれば、親は自分のことでああでもないこうでもないと関心を向けていること、それ自体は子どもにとってはいいことだ。

多くの別居親たちが、子どものことを考えたら争うべきではないのではという一般論と、だけど子どものために、たとえ制度の不備を知っていても権利を主張すべきではという「親心」の間で悩んでいる。親から愛情を受けて育った人であればあるほど、この悩みは深刻だろう。子どもの心情を想像できれば、子どもあきらめることが子どもを捨てることになることぐらいはわかるからだ。

単独親権制度のもと、一日四〇〇人の子どもたちが親と引き離され、一年間に一〇・八万人もの母子家庭が、八・四万人もの子どもに会えない別居親が作り出されている（子育て改革のための共同親権プロジェクト『基本政策提言書』より）。

共同親権になったところで、現在の制度的な穴が継続すれば、それだけで子どもと会えるようにならないのはその通りだ。だけど、今会えてない親に対して、共同親権の法制度は、法的な支援をそういった親子に提供できる。会わせない場合のペナルティーなどが付随すれば、それは心理的なサポートよりも直接的な効果があるだろう。

直接的な効果が期待できなくても、共同親権が当たり前になれば、会わせない側より子どもに会いたい親、協力を拒む親より協力の意志を示す親に社会や周りは好意を向けやすい。それは双方の親が子育てを継続し続ける動機になる。それこそが社会的な支援だ。

それだけで子どもとの関係が良好になるとは限らない。だけどそれはいっしょに暮らしていても同じことだ。会えないことよりも、心が通じないことのほうがつらい。でも、子どもとの関係を築く機会すら奪われれば、心が通い合う余地は大幅に減る。あえて単独親権制度を維持して、同居、別居限らず、殺伐とした親子関係を量産することにメリットがあるとは思えない。

ステップファミリーが虐待を生む

非婚時の親権剥奪制度である単独親権制度を廃止し、共同親権へと転換することでおそらく大きく変わってくるのは、離婚後再婚した場合の家族のあり方だろう。ぼく自身も最初に家庭をもったときにはパートナーに先夫との子どもがいたので、彼女とどう家庭生活に望むかは考えるところだった。

そのときのパートナーは、別れた後に父親に子どもを会わせるべきかどうか迷っているようだった。ぼくが父親の立場なら会えなくなるなんて考えられないし、子どもから父親を奪うわけにもいかないので、ぼくの口添えもあって彼女は父親と月に一度会っていた。だけどやがて父親も会いに来なくなって、結局家庭の中での男親の役割はぼくになった。

下の子もすぐに生まれたので、下の子と差別なく子どもと接するとしたら、上の子の父親役割をぼくもするのが自然に思えた。そんなわけで、下の子との面会交流を求めるにおいては、上の子とも同時に会っていた。裁判所もぼくと上の子の愛着関係ができているのは認めざるを得なかった。

上の子が中学校を卒業するとき、母親に遠慮して中学校になってから会いに来なくなっていたその子が、授業参観が終わったときに「高校に来ても学校に来たりするのか」と実に三年ぶりに話しかけてきたことがある。そのとき「あなたにとってぼくはどういう存在かな」と聞くと、ちょっと考えて「親戚みたいな感じかな」と答えていた。父親でもなく(血縁のある父親だけでなく、家庭内に元パートナーの再婚相手もいて彼のことを「パパ」と呼ぶようにしつけられていたようだ)、かといって他人とも呼ばれず、ちょっとうれしかった記憶がある。

ここで比べられている二つの価値観は、母親(父親)の再婚相手を父親(母親)とみなすかどうかだ。子どもから見たら、自分を生んだ親は一組なのだから、父親も一人しかいない。だけど、再婚家庭という家族の形が閉じられたものだと、再婚相手が「新しい父親」としての役割を期待される。

この場合、再婚家庭に新しい子どもができると、きょうだいに対して平等に接するか、それとも、前夫(妻)の子は自分の子どもではないのだから、前夫を父親として尊重するか、選択肢は別れる。アメリカのような親の権利が法制度上も強い国では、たとえ再婚したところで、親は親として新しい家庭でも位置づけられることが多いようだ。

日本でも共同親権に移行して「パパもママも」がスタンダードになれば、子連れの母親（父親）と結婚したとたんに、やったこともない親の役割を押し付けられるプレッシャーは軽減されるだろう。

ここで思い出すのも、二〇一八年に母親とその再婚相手が、五歳の結愛さんを殺した東京目黒区の事件だ。当初この事件の報道では「父母」が結愛さんを虐待の末に殺したとされた。ところが事件の詳細が明らかになるにつれ、結愛さんと血縁関係のある父親は別にいて、「父」とされたのは母親の再婚相手だというのがわかってきた。

結愛さんの周りの誰かに共同親権の知識があり、父親が結愛さんに接するのは自然なことだという発想で行動していれば、どうだったのだろう。

ぼくも経験があるけど、育児経験のない男性（女性）が、子連れのパートナーと結婚したからといって、いきなり父親（母親）としての役割を期待されるのはかなりのプレッシャーだし、そもそもどう接していいかわからない人も多いだろう（女性が出産と同時に母の役割をいきなり求められるのと同じだ）。子どもからしても、母親（父親）の彼氏（彼女）にすぎないのに、いきなり親ぶってふるまわれれば、「偉ぶるな」と反発するのは普通だ。

思う通りに接してくれない子どもを前に、周囲から期待される親としての役割に答えるための過剰な責任感から、虐待をしてしまうことはありそうな想定だ。子どものために父親（母親）を欲して結婚した母親（父親）は、それを止めようとするインセンティブに欠ける。

共同親権だと、子どもから見たら、パパとママのパートナーと、庇護者が増えていくわけだから、お小遣いをもらえる機会が増えるのも含めて、使い分けられる家族が増える。関係が難しければ逃げ場もある。かつてのぼくが押し付けられたように、いきなり子連れの女性と結婚して一家の大黒柱としてふるまうのは、「男らしい」のかもしれないけど、必ずしも子どものためになるとは限らない。

ひとり親の場合なら、金銭面や相談、それにベビーシッターといった行政援助がある程度あるのに対し、再婚家庭に対する支援は極めて乏しい。ほかに親役割をする人がいるなら援助はいらないだろうという発想だ。児童相談所に保護されるのも、ひとり親家庭の子どもが多く、パートナーがいれば家庭に戻されるケースがある。

単独親権制度のもと、再婚家庭は「普通家庭」なので支援の対象外だというのが世間の見方だ。でも子どもがいる家庭は、どこもある程度他人の手があったほうが子育ては楽だ。子どもから見たら離婚家庭は二つの家庭だ。共同親権によって、複数の家庭の間で人の手を借りてする子育てが当たり前になれば、個々の親の子育てのあり方はずいぶん楽になるだろう。

婚姻制度は重すぎた

共同親権で大幅に変わることが予想されるのが、結婚に対する見方だろう。
ステップファミリーについて研究している社会学者の野沢慎司さんは、日本の離婚再婚についてて「スクラップ・アンド・ビルド」という言葉で説明した。これは一定の結婚のあり方があって、それに適合的でないと一度解体（離婚）して、再度型に当てはまるものを作り直す（結婚）という発想だ。

子どもがいる場合には、どちらかの親（単独親権者）がいったん子どもを引き取り、新しい家庭ができればそちらに適合させる。先に述べたように、再婚相手を法的な親（養親）にして共同親権者にする。したがって、このモデルに合わない親（親権のない親）は、社会の家族のモデルから排除されて不都合な存在にされてしまう。子どもとは縁切りになる。

日本の場合、結婚のメニューは諸外国と比べても極めて画一的だ。ＬＧＢＴに対する理解が広がる中、欧米を中心に同性婚を可能とする法制度が新しくできつつある。そんな中、日本の結婚は男女という異性婚で、夫婦は同じ姓を名乗るのが強制される。これは戸籍のあり方がそうなっているからだ。同性婚では家を存続できない。

戸籍を登録台帳に家を単位とした社会システムは、富国強兵という日本の近代化の歩みを支えた。この社会システムは、戦後も企業戦士としてのサラリーマンと、それを支えて家庭を守る主婦の家族モデルとして維持されて、高度経済成長を支えている。つまり性差別と性役割に根差した制度が戸籍だ。

親が別れればどちらかが子どもを見ればそれですむという単独親権制度は、かつては世界的な広がりを持っていた。日本の場合は、世帯単位の戸籍が国民の登録簿として残存している点で、その制度によって染みついた社会意識は根強いものがある。

結婚は「入籍」という言葉になるし、入籍の際に姓を変える割合は、妻が夫の姓に合わせるのが九六％になっていて、いかにも家父長制に根差したものだ。一方離婚の場合、母親が親権をとる割合は八割で、これが裁判所の手続きを経ると九四％と、ほぼ妻が夫の姓に合わせる割合と同じになる。そういう意味では、単独親権制度は、戸籍制度の門番という家庭裁判所の役割とドッキングして、性役割を維持、再生産するシステムでもある。

単独親権制度も戸籍をベースとする結婚制度を維持するに不可欠なものだ。民法の共同親権は婚姻中のみで婚姻外は単独親権になる。離婚して父親（母親）のいない家庭は、今は「ひとり親家庭」と呼ばれたりするけど、かつては「片親」や「欠損家族」と呼ばれた。そうやって婚姻関係という特権性が維持されてきた。

結婚とは、国家と、国家の構成単位の家の存続のために、子を産み増やすためのシステムで、そこから再生産される社会認識は、「結婚して子どもをなして一人前」だろう。これは「子どもがほしかったらちゃんと結婚して離婚するな」ということにもなる。婚姻外の家族関係に対する法的な配慮の欠如は、結婚できるかどうかの基準で、こういった個人個人を鋳型にはめるために必要な「切り捨て」だとも言える。

ところで、こういった結婚と家族のあり方は日本の伝統のように考えられている向きがあるけれど、必ずしもそうではないことは触れた。江戸時代は男も子育てをしたし、女も手に職を持って働いていた。姓は武士や公家のもので、庶民は名前で呼び合っていただろう。

男女の結婚は昔からあったことかもしれないけど、有名な戦国武将がそうであったと言われるように「衆道」と呼ばれる男色は、排除の対象となっていたとは必ずしも言えない。

つまり、日本の結婚制度が社会的なステータスのいかんを問わず、個人の居心地の悪さを多少無視しても正当性を持ちえたのは、軍事的なものであれ経済的なものであれ、海外進出のもと、右肩上がりの経済成長が期待できたからだ。国家の未来と個人の幸せを重ね合わせて夢見ることができた。つまり一過性のシステムだった。

国勢調査で五〇歳時の未婚割合をみると、二〇一五年は男性二三・四％、女性一四・一％となっている。この割合は二五年前の一九九〇年には男性五・六％、女性四・三％だったから大幅に増加している。

こういった婚姻件数や割合の減少が、三組に一組と言われる離婚率の増加となって現れている。要因はいろいろあるだろうけど、結婚しさえすれば幸せになれるというファンタジーが、もはや多くの人の間で共有できなくなっている。

現在、婚姻制度にかかわる民法改正を求める三種類の国賠訴訟が進んでいる。同性婚を求めるもの、選択的夫婦別姓を求めるもの、そして婚姻外の単独親権規定の撤廃を求めるものだ。

それぞれの主張の中身は違っているけれど、共通しているのは、婚姻制度という岩板規制に対する規制緩和だろう。

たとえば、同性婚は異性間にしか結婚を認めないという規制の緩和を求めるものだし、選択的夫婦別姓は、結婚したら姓を同一にしないとならないという規制に挑戦するものだ。そして、婚姻外へも共同親権が広がれば、そもそも結婚しないと共同親権をもてないという規制がなくなるのだから、結婚する行為自体が子どもを作るための絶対条件ではなくなる。逆に言えば、子どもが欲しいと思っても、必ずしも結婚しなくてもいい。つまり、「結婚して子どもをなしてはじめて一人前」という旧来の社会常識が挑戦を受ける。結婚は家の存続ではなくパートナーシップの問題になる。同性婚や別姓に違和感がなくなる。

たとえば夫婦別姓や同性婚の主張の中にも、婚姻外の関係では共同親権をもてないから、というものがある。これが共同親権が婚姻外にも規制緩和されると、そもそも結婚に法的な保証を求めるということ自体の意味が問われてくる。

現在、国が法律として提供するメニューに、相手との関係を当てはめる行為を結婚と呼んでいる。いやだなと思っても女性が姓を変えて結婚するのも、しなければ差別の対象になるし、したらステータス以外にも、社会保障などの面でそれなりのメリットを国が提供してくれるからだろう。いわば結婚は国家との契約だ。

婚姻外の関係では共同親権を得られないからという発想は、自分たちの関係（異性間や姓を別にするもの）が国に認められた特権階級には入れないのは不公平だというところからくる。事実婚差別だともいえる。

これが共同親権になったならば、子どもとの関係においては、婚姻内外の区別はなくなる。そうなると自分の子どもが婚外子になるかもしれないと、事実婚のカップルが、出産のときだけ嫡出子にするため結婚して再び離婚するというめんどくさいことはしなくてすむ。

一方で、子どもができても、結婚していようがいまいが、両親の権利と責任は明確になるので、パートナーとの関係を、国が提供するメニューにするか、自分たちで中身を決めて契約するか、はたまたそもそも最初から夫婦の実態をもたないままでいくか、ということはそれぞれのカップルに応じて柔軟に考えることが可能になる。

実際、海外ではフランスではパックス、スウェーデンではサンボと呼ばれる制度があり、婚姻外のパートナーシップにおいても法的な保証を与えている。この中には同性どうしの関係に適用できるものがある。

一方、離婚するときに、有責配偶者からの離婚請求を認めない有責主義から破綻主義へ移行した国では、そもそも片方が別れたいと思えばできるので、結婚すること自体のハードルが下がる。アメリカも破綻主義離婚だけど、離婚再婚を繰り返して、自分に最適なパートナーをいずれ見つけるということも不可能ではなくなる。

こういったパートナーシップのバリエーションは、共同親権が婚姻内外にかかわらず適用できることで可能となる。離婚したら子どもと会えなくなるかもしれない、冷めきっているんだけど離婚するのはみっともないしメリットもない、というマイナス要因で夫婦を続ける「仮面夫婦」も減るだろう。

「子どもに親にさせられる」

同性婚や選択的夫婦別姓を求めている人は、共同親権によって婚姻制度が軽くなった場合、国が提供する婚姻にどの程度のメリットがあるのか、精査して考えることになるだろう。

何より、家の存続が第一という発想で、結婚すれば同姓が強制され、異性間の結婚しか認められなかった婚姻制度の発想から人々が解放されれば、だれと何のためにいっしょに暮らすのか、子どもをもうけるのか、つまり家族的な関係を築くかということについて、個人個人が今よりも考える機会が増えるだろう。

これは考えようによっては大変なことかもしれない。かつては農業や商売といった家業とそれを担う家族がある程度一致していて、その中にいる限りにおいて、理不尽だなと感じることはあっても生きていけるので、あまり将来について思い悩むこともなかったかもしれない。社長みたいな家長（つまり単独親権者）の言うことを聞いていさえすれば、自分で判断することも責任を負うことも少なかったのだ。

それが結婚するのも、子どもをもうけるのも、自分の判断でしなければいけないし、契約関係の中で選択の結果が生じるので責任を負わされもする。

今、国も自治体も少子化対策事業として婚活の旗を振っている。家や会社が、見合いや出会いの場としてパートナーを斡旋する役割をしなくなって、結婚率が下がって行政が焦っている。逆に言うと、現在の子どもの連れ去り問題の社会現象化は、少なくなった子どもをめぐって、家どうしの子どもの囲い込みが激化している状況と言えるかもしれない。

選択的夫婦別姓を主張しながら、共同親権には反対するシングルマザーや女性のイデオローグを見ていると、結局は、男か女かという違いだけで、名前というアイデンティティではなく、家の存続を願っているのかと白けてしまう。つまり子どもは家のものという発想が依然として強く、彼女たちの主張も家長としての主張だ。

昔は親権を女性がとれなかったのが、家から追い出された女性が子どもと引き離されるのはかわいそうだと、女性が親権をとれるようにしてきた女性たちの運動はあっただろう。核家族化はこういった動きを後押ししたかもしれない。

ところが女性が親権をとれるようになると、子どもを連れ去られて今度は男性が家から追い出され子どもと引き離される。長らく別居親の弁護を手掛けてきた、弁護士の小嶋勇さんはこれを「現代の追い出し離婚」と呼んだ。「今も昔も家制度。父系が母系になっただけ」だ。

参議院議員で元滋賀県知事の嘉田由紀子さんは、国会で共同親権を求める質問を繰り返している。孫が何人かいる年なのだけど、同年配の知り合いが娘が離婚することを必ずしも否定的に捉えず、「孫をつれて帰ってきてくれたら一番いい」と言っていると教えてくれた。「日本では親子の関係が強くて、それが離婚にも影響している」という。

逆に、先にも紹介したコラムニストのサンドラ・ヘフェリンさんは、「日本では親を喜ばせたいという理由で子どもを作る人がいるけど、ドイツではいない」と教えてくれた。単独親権時代のドイツでは探偵業が流行ったと言った。それも家庭を壊すことの責任を求めることの裏返しだ。だけど共同親権になったドイツでは、結婚は家どうしの問題ではなく個人間の問題になり、親を喜ばせるために子どもを作る必要はなくなったのだろう。

拉致や誘拐として国際的な批判を浴びる、今の日本で起きている問題は、実はこういった家や親の言うことを聞いて周囲に合わせて、自分の判断をしてこなかった社会のありようで生じているのかもしれない。そしてそこで深まっているのは、新型コロナの感染が広がる中、他人との距離を保つのが賞賛される社会で、その日の糧にも困るシングルマザーの苦境であり、なおいっそう子どもと会えなくなっている別居親たちの苦悩だろう。

だけど、こういった現象の解決に、家や親にすがるのは限界だ。もはや団塊の世代の高齢化とともに、家や親にはそれを支えるだけの資力も体力も衰えつつある。体裁のために子どもと孫を引き取ることが、自立を疎外することもある。

親子の引き離しという現象にスポットを当てよう。たとえ親権がなくても、ぼくがそうであるように、戸籍があるのでその人の親としての法的な地位がなくなったわけではない。親の子どもへの権利と責任は限りなくあいまいなのに、子どもは親の相続の権利と扶養の義務はある。しかし、親子の関係が長く途絶えて、会ったこともない自分の子どものために、財産を譲ることを喜んでする人がどれほどいるのだろうか。年を取って生活できなくなった親の扶養をある日突然役所から求められ、「親だから」というだけですんなり受け入れられる人は多いのだろうか。

それでも会ったことがなくても、自分の親や子どものことは気になるものだ。他人と家族的な関係を築いて、好きな人やいっしょにいて心地いい人をパートナーにすることもいいことかもしれない。でもそうであるならいっそう、家や国の要請や、それが提供する社会常識のために、親子が親子でいる機会を奪われることは捨てておかれないだろう。

親や子どもは時には重荷になる存在だ。親子のつながりの制度的な保障として共同親権運動を進めてきたぼくも、自身と親との関係が必ずしもよくなかった人から、親の権利を主張することに反発を受けた経験が何度かある。親の権利は大人の権利ではない。子どもがいるということで、親として成長することだ。自分の考えとは異なる子どもの自立を促していくことでもある。親は子どもに親にさせられる。

心が通じ合う人が身近にいることはうれしいことだ。それが結婚相手だけでなく、自分の親や子どもであったならと願う人は、何も子どもと引き離された経験のある別居親たちだけではないだろう。それが家族への希望がいつの世の中になっても消えない理由だ。

共同親権は子育て支援の切り札

現在、多様な家族のあり方が社会の中でさまざまに語られている。それを政策に掲げる政党もあって、家族に関する法律が、体に合わなくなった服のように実態にあっていないと、その変革が議論されている。一方で、家族に関する関係を規定する民法のアップデートは日本ではとても遅い。

特にその要因を考えるとき、日本社会の性役割（性差別）の強固さは否定できないだろう。よく指摘されるように、「ジェンダーギャップ指数（男女格差指数）」は一五三か国中一二一位だ。根強いこの国の性役割（性差別）意識は、戸籍をベースにする家意識を再生産させることで、夫婦同姓や異性婚を当然のものとし、単独親権制度を温存させてきた。

親権制度について言うならば、「子どものことで妻とけんかしてもどうせ勝てない」「結局は私（女）が子どもの面倒を見るしかない」という、単独親権制度と女性に親権を付与する裁判慣行があるが故のあきらめが、「だったら子育ては最初から女でいい」という意識を生み、男性の育児分担が進まない原因になる。新婚のときに、離婚と親権争いのことなんて考えないだろうけど、ちょっと離婚が頭をよぎってネットを検索すれば、親権争いで女性が優位なんてどこのサイトでも書いてある。

今国は「働き方改革」を掲げて、女性を労働市場に引っ張り出そうとしている。そしてちょっと前には「イクメン」という言葉をもてはやして、男性に育児を担わせようとした。だけど、単独親権制度を維持していれば、イクメンは夫婦間でもめれば子どもと生き別れてしまうわけだから、男性は怖くて離婚どころか結婚すら二の足を踏むだろう。こんな状況で戸籍的な家のあり方を前提に政策を進めても、女性の社会進出が進むわけがない。社会に出ても男社会だから女は家にいたほうがまだいい。日本の経済的な停滞は構造的なものだろう。結婚してしまえば半分が働かなくなるわけだから、そんなの当たり前だ。

「タガメ女」と「カエル男」という言葉を紹介した（『日本の男を食い尽くすタガメ女の正体』）。タガメは田んぼに生息してカエルの生き血を吸う。高度成長期以後、日本の各地から田園風景が消える中、タガメの魂は女性たちに宿り、無抵抗な「カエル男」を箍（タガ）にハメて搾取している……実際に女性たち（とくに主婦たち）を身近で観察して、深尾葉子さんはその言葉を思いついたという。

女性は被害者という、フェミニズムの前提とはかけはなれていたためか、あまりにも恐ろしい実態がつづられていたためか、深尾さんが言うには、感情的な反発はあっても世論を騒然とさせる反響はなく、「禁書」扱いされたのだという。
深尾さんの話を聞いて、共同親権運動は「カエル男」たちの逆襲だと思えてきた。

ちょっと前に、「女は生む機会」という発言をした政治家が、女性たちや世論の猛反発を受けた。二〇二〇年三月には、参議院議員の小野田紀美氏が「親に会わなくても子どもは死にはしない」と参議院法務委員会で発言したのを触れた。

女を「生む機械」と言えば女性たちが怒るように、男を「ATM」「子種」と公式の場で発言すれば、男性も怒ると思うけど、小野田氏はその後法務政務官になっている。ぼくたちも小野田氏に質問状を送って批判したけど、取り上げるメディアはなかった。多分、男が子どものことで主張することは「男らしくない」という性役割が、こういった反発を「大げさ」と打ち消していくのだろう。

しかし、子育てへの関与が仮に夫婦間で子どものことでもめたときにも正当に評価されれば、仕事よりも子育てを選ぶ男性は今よりもっと増えるだろう。

アメリカでは、五時になったら家に帰って子どもと遊ぶことがもはや珍しくない光景だと聞く。でも一昔前はもっと男は働いていただろう。子育てをする男性の社会的評価が上がれば男も自然に子育てする。共同親権で養育への関与が裁判所でも正当に評価されれば、「だったら子どもにももっとかかわってみたい」と思う男性は少なくないだろう。共同親権に対する男性の権利主張が現在強まっているのは、家庭科の男女共修化、少子化とともに「男女が子育てをするのは当たり前」「やってみるとわりと楽しかった」という男性の増加を反映してもいるだろう。イクメン運動の人たちこそが、共同親権を求めるべきなのだ。

やはり単独親権制度を撤廃することが、最低限かつ最大の子育て支援だ。多分、日本の沈滞した社会構造を大きく変える起爆剤にもなるだろう。

共同親権＝あなたがここにいるだけで価値がある

今言ったのは、政策的な観点からの帰結を述べたに過ぎないけれど、「男は外で仕事、女は家庭で家事育児」なんて不公平だと思う人は、男にも女にもたくさんいるし、そのことで苦しんでいる人は、子どもと引き離された親子やシングルザーだけでなく、婚姻生活や、もともと未婚のまま子を産むことを選んだカップルなどでも言えることだ。

現在の国の家族支援のあり方は、戸籍を基盤とした家族のあり方という、単一の家族モデルを補充する支援、という形になっている。だから、別居親が子育てに関与しようとするとむしろ行政支援は遠のく結果になる。

しかし、子どもが社会の宝だとすると、児童扶養手当のように不足した人にだけ手当をするのではなく、子ども手当のように、子どもへの直接的な給付が行われてしかるべきだ。また、共同親権になったからといって、親の責任ばかりが強調されて支援が得られないとすると、むしろ子育ては窮屈だ。

親の責任が、「お国のため」になる、社会に適合する人材を輩出することであっては、子育ては親じゃなくてもできる。親（子どもから見たら祖父母）の手助けが期待できない家庭は子育てをあきらめるのではなく（親権者指定の際には親権をもてないのではなく）、どう育てるかの親の自主性を周囲や国が尊重して、どんな家庭においても必要な支援が手の届くところにあるのが本当はいい。

ある程度余裕がある中、そこそこ、ほどほどの子育て環境が整っていることが、子育てを楽しめる家庭を増やし、子育てを権利と感じられる親子を増やしていく。そのことで家族であることに喜びを感じられる人が増えていけばもっといい。

もちろん、家族的な関係が血縁関係にだけとどまる必要はない。だけど、どんな人も両親がいることで今ここに生きている。自分が今ここにいていいということを周囲が認めるメッセージは、「パパもママも」の共同親権ではないだろうか。

親との関係で思い悩んできた人は多いし、「多様な家族」と言われてもイメージがわかない人は少なくない。だけど、自分が両親から生まれてきたことを社会が認めてくれることは、けして絶たれない関係がそこにあるという安心感をその人に与えてもくれる。多様な家族と言われても、親子は選べない。選べないものを単独親権のもと、選べるかのように言うことにはウソがあり、多くの人の苦しみの種だ。共同親権は誰もがけしてほかでは代用できないものを持っているということを、気づかせてくれるツールだ。それがあってはじめて、ぼくたちは社会とのけしてたやすくない関係を切り結ぶ勇気を持てる。

ぼくも子どもと会いに行って娘が反発して悪態をつかれれば傷つくし落ち込む。だけど自分も同じころには親にひどいことを言っていたなと思い返すことはある。親子喧嘩をするのも権利だ。そして、子どもと引き離される恐怖を感じながら、それぞれの親子の関係におせっかいにも口も手も出してくれる仲間の存在は、そんなぼくを励ましてくれた。

ぼくが何度か子どもと引き離されながら、子どもとの関係をあきらめなかったのは、親子は親子でいていいと肯定してくれる、そんな彼らがいたからだ。それを家族的な関係と呼べるとしたら素敵なことだ。娘たちにそんな関係があふれた、おせっかいでにぎやかな社会を残せればと願う。

参考文献

青木聡、蓮見岳夫、宗像充＋共同親権運動ネットワーク『子どもに会いたい親のためのハンドブック』（2013年、社会評論社）

浅野素女『フランス家族事情―男と女と子どもの風景―』（1995年、岩波新書）

あさみまな『いつか愛せる　DV共依存からの回復』（2010年、朱鳥社）

味沢道明『殴るな！　男のための脱暴力支援』（2005年、オリジナルブックマイン）

味沢道明『脱暴力のためのファシリテート』（2006年）

味沢道明、齋藤道子、川島康史『DVはなおる　DVを終わらせるための提案と挑戦』（2016年、ギャラクシーブックス）

味沢道明著、日本家族再生センター編『DVはなおる続　被害・加害当事者が語る「傷つけない支援」』（2018年、ジャパンマシニスト社）

アンカップリング研究会『離婚した親を持つ子どもの気持ち』（2003年、アンカップリング研究会）

阿部彩『子どもの貧困―日本の不公平を考える』（2008年、岩波新書）

右近健男、小田八重子、辻朗編『家事事件の現況と課題』（2006年、判例タイムズ社）

内田貴『民法Ⅳ　親族・相続』（2002年、東京大学出版）

エイミー・J・L・ベイカー、ポール・R・ファイン『離婚家庭の子育て―あなたが悪意ある元夫・元妻に悩んだら』（2017年、春秋社）

NPO法人しんぐるまざあず・ふぉーらむ、NPO法人全国シェルターネット『離別後の子どもの「共同親権」を考える　面会交流・養育費・共同親権制度についてのアンケート報告』（2010年、NPO法人しんぐるまざあず・ふぉーらむ、NPO法人全国シェルターネット）

NPO法人Wink、新川てるえ編『離婚家庭の面接交渉実態調査　パパ、ママ離婚しても会えるよね？』（2005年、ひつじ書房）

NPO法人Wink『離婚家庭の子どもの気持ち　面接交渉実態調査アンケートとインタビュー』（2008年、日本加除出版）

NPO法人Wink『養育費実態調査アンケートとインタビュー　払わない親の本音』（2010年、日本加除出版）

エリザベス・セイアー＆ジェフリー・ツィンマーマン

『離婚後の共同子育て　子どものしあわせのために』（2010年、コスモス・ライブラリー）
大谷美紀子、榊原富士子、中村多美子『渉外離婚の実務　離婚事件の基礎からハーグ条約まで』（2012年、日本加除出版）
小田切紀子『離婚を乗り越える―離婚家庭への支援をめざして』（2004年、ブレーン出版）
小田切紀子『離婚　前を向いて歩き続けるために』（2010年、サイエンス社）
小田切紀子、町田隆『離婚と面会交流　子どもに寄りそう制度と支援』（2020年、金剛出版）
梶村太市、長谷川京子『子ども中心の面会交流　こころの発達臨床・裁判実務・法学研究・面会支援の領域から考える』（2015年、日本加除出版）
梶村太市、長谷川京子、吉田容子『離婚後の共同親権とは何か　子どもの視点から考える』（2019年、日本評論社）
梶村太市、長谷川京子、吉田容子『離婚後の子どもをどう守るか　「子どもの利益」と「親の利益」』（2020年、日本評論社）
川﨑二三彦『児童虐待―現場からの提言』（2006年、岩波新書）
金子修『一問一答　家事事件手続法』（2012年、商事法務）
川島武宜『日本社会の家族的構成』（1950年、日本評論社）
共同親権運動ネットワーク『家庭裁判所裁判官の実情』（2010年、共同親権運動ネットワーク）
共同親権運動ネットワーク・家庭裁判所監視団『家庭裁判所に法の支配を！　家庭裁判所チェック2013』（2014年、共同親権運動ネットワーク）
小島勇『離れていても子どもに会いたい　引き離された子どもとの面会交流をかなえるために』（2011年、生活書院）
子育て改革のための共同親権プロジェクト『基本政策提言書　2021年民法改正★男女平等子育ての幕開け～親子生き別れ!?　ひとり親の貧困!?　家庭から社会を変革しよう～』（2020年）
後藤富士子『日本国憲法の司法―「法治国家」から「法の支配」へ―』（2021年、完全護憲の会）
コリンP・A・ジョーンズ『子どもの連れ去り問題　日本の司法が親子を引き裂く』（2011年、平凡社新書）
婚差会『非婚の親と婚外子　差別なき明日に向かって』（2004年、青木書店）

財団法人資生堂社会福祉事業団監修『ファミリーソーシャルワークと児童福祉の未来―子ども家庭援助と児童福祉の展望』（２００８年、中央法規）
財団法人日弁連法務研究財団　離婚後の子どもの親権及び監護に関する比較法的研究会編『子どもの福祉と共同親権　別居・離婚に伴う親権・監護法制の比較法研究』（２００７年、日本加除出版）
佐藤義彦、伊藤昌司、右近健男『民法Ⅴ―親族・相続　第3版』（１９８７年、有斐閣）
下村満子『男たちの意識革命』（１９８６年、朝日文庫）
J・A・ロス+J・コーラン著『離婚後の共同養育と面会交流実践ガイド』（２０１３年、北大路書房）
親権問題レポート作成委員会『共同親権・共同養育への提言　親による子の連れ去り防止と面会拒否の解消に向けて』（２０１０年、親権問題レポート作成委員会）
新藤宗幸『司法官僚　裁判所の権力者たち』（２００９年、岩波新書）
ジュディス・ウォラーシュタイン、ジュリア・ルイス、サンドラ・ブレイクスリー『それでも僕らは生きていく　離婚・親の愛を失った25年間の軌跡』（２００１年、PHP研究所）
杉山春『ルポ虐待―大阪二児置き去り死事件』（２０１３年、ちくま新書）
瀬木比呂志『絶望の裁判所』（２０１４年、講談社現代新書）
高橋孝和『共同親権が日本を救う～離婚後単独親権と実子誘拐の闇～』（２０２１年、幻冬舎）
棚瀬一代『「クレイマー、クレイマー」以後　別れたあとの共同子育て』（１９８９年、筑摩書房）
棚瀬一代『虐待と離婚の心的外傷』（２００１年、朱鷺書房）
棚瀬一代『離婚と子ども　心理臨床家の視点から』（２００７年、創元社）
棚瀬一代『離婚で壊れる子どもたち　心理臨床家からの警告』（２０１０年、光文社新書）
豊田正義『DV―殴らずにはいられない男たち』（２００１年、光文社新書）
中村正『ドメスティック・バイオレンスと家族の病理』（２００１年、作品社）
なだいなだ『親子って何だろう』（１９９３年、ちくま文庫）
なるさわまちこ『たいせつなもの』（２００９年、共同親権運動ネットワーク）
二宮周平『家族法　第3版』（１９９９年、新世社）
西牟田靖『わが子に会えない　離婚後に漂流する父親た

ち』（2017年、PHP研究所）
西牟田靖『子どもを連れて、逃げました。』（2020年、晶文社）
日本家族〈社会と法〉学会『家族〈社会と法〉No.21』（2005年、日本加除出版）
日本家族〈社会と法〉学会『家族〈社会と法〉No.24』（2008年、日本加除出版）
馳浩『ねじれ国会方程式　児童虐待防止法改正の舞台裏』（2008年、北國新聞社）
法務省『各国の離婚後の親権制度に関する調査研究業務報告書』（2014年）
ポール・ナサンソン＋キャサリン・K・ヤング『広がるミサンドリー　ポピュラーカルチャー、メディアにおける男性差別』（2016年、彩流社）
ポール・ナサンソン＋キャサリン・K・ヤング『法制度における男性差別　合法化されるミサンドリー』（2020年、作品社）
堀尾英範『子連れの離婚をする前に』（2013年）
本創ひとみ『離婚を考えたとき知っておきたいこと』（2019年）
丸井妙子『離婚の苦悩から子どもを救い出すために　親も子どもも幸せになるためのヒント』（2014年、コスモス・ライブラリー）
民法改正を考える会『よくわかる民法改正　選択的夫婦別姓&婚外子差別撤廃を求めて』（2010年、朝陽会）
宗像充『引き離されたぼくと子どもたち　どうしてダメなの？共同親権』（2017年、社会評論社）
宗像充＋共同親権運動ネットワーク『子育ては別れたあとも　改訂版・子どもに会いたい親のためのハンドブック』（2018年、社会評論社）
山口亮子『日米親権法の比較研究』（2020年、日本加除出版）
湯浅誠『反貧困―「すべり台社会」からの脱出』（2008年、岩波新書）
善積京子『離別と共同養育　スウェーデンの養育訴訟にみる「子どもの最善」』（2013年、世界思想社）
リチャードA・ウォーシャック『離婚毒　片親疎外という児童虐待』（2012年、誠信書房）
ワレン・ファレル『男性権力の神話《男性差別》の可視化と撤廃のための学問』（2014年、作品社）
ワレン・ファレル『ファーザー・アンド・チャイルド・リユニオン　共同親権と司法の男性差別』（2017年、社会評論社）

あとがき

原稿を書き終えてから発行まで時間が経ったので、その間いろいろなことが起きている。

法制審議会の家族法部会は月に一度議論をはじめている。研究者と職掌団体の代表が委員に名を連ねるものの、国を訴えて法改正を求めたぼくたちのようなグループは排除され、「連れ去り」という言葉に委員が気をつかうような内向きの議論が重ねられている。いまだ一度も子どもと引き離された父親のヒアリングがなされていない。この審議会と法曹関係者の、別居親と男性への敵意は大きい。

共同親権と聞けば、事情の違う海外の理想にすぎず、日本の実情にあっていないどころか、夢物語に過ぎないという反発があるのは本書で繰り返してきた。しかし、戦後の一時期、日本でも「日本国憲法の施行に伴う民法の応急的措置に関する法律」（改正民法が翌年から施行するまでの日本国憲法に合わせた暫定的な法律）という法律のもと、一九四七年五月からの半年間、「父母は共同して親権を行う」（単独親権もとれる）ことになり、実際離婚後においても共同親権をとった事例があったことがわかってきた。両性の平等を徹底させるとともに、保護を要する子どものためにはすべての親に親権を与えて子どもの利益を保護することが、憲法の理念を実現するための親権法改正の狙いである。

ところが、翌年施行された改正民法では戦前の家父長制規定である単独親権制度のもと、部分的に共同親権を適用することとなっている。事実上父親が決めるからという程度の想定で、単独親権制度を戦後も引き継いだにすぎない。応急措置法の適用の経過を考えれば、この過程に合理性と一貫性が欠けていることは否定できない。

国を訴えたぼくたちの訴訟は回を重ね、現在の親権制度の立法目的はそもそもなんなのかということが国との論戦のテーマになっている。考えてみれば、そういう基本的なことすら確認せずに、現在の法律の是非や、共同親権の是非について議論しても意味がない。現在の法制審議会の委員に名を連ねる民法学者も、こういった現行民法成立の経過を熟知しながら沈黙し、審議会では子どもを気にかける別居親や男性を、加害者扱いしてはばからない委員の意見が飛び交っている。

こういった戦後民法の成立経過を見れば、国会が一度も改正をしてこなかったのもさることながら、不徹底な民法改正の経過を知っていないながら今もって沈黙する民法学者の態度も、混乱の原因の一つとも言えそうだ。親権の取得割合が男女で逆転するのは一九六六年。女性が力をつけて男性と同程度の割合で親権を取得できるようになったそのときまでに、共同親権にするなり、親権の調整規定について提案するなり、時代に合わせて民法を変えてこなかったことが、現在日本が国際的な非難を浴び続けている根本原因だろう。そう考えると、ぼくたちは「やり残した民法改正」のプロセスにいる。

海外では父親の権利運動（共同親権運動）は、市民権（公民権）の運動としても展開される。親であるはずなのに子どもへの何の法的権利もない状況は、選挙権のない戦前の女性が置かれた地位と似ている

し、人種差別や民族差別とも同根の問題である。しかし、戦後男女平等と個人の尊重を掲げた憲法の理念に叶った民法にするための改正の対象は本来女性たちが想定されていた。この国の民法改正は二周は遅れている。

昨年からぼくは娘と会えなくなっている。三回目だ。母親とその夫、その代理人弁護士は、子どもの意思を持ち出して、娘の進学先を教えない。再び裁判になっているものの、そのことをたしなめもしない裁判所が、子どもの福祉を唱える滑稽ぶりは、一〇年前から変わっていない。

本書は、これから共同親権についての幅広い議論の材料を提供するために書いた。考える材料と、その機会を与えてくれた多くの人に感謝したいと思う。子どもたち、その母親やその夫、彼らの代理人や裁判所の人たちも、その中に含まれている。何年か後には「お父さんのこの本は古い」と子どもたちが思ってくれたらとてもうれしい。

著者紹介

宗像 充（むなかたみつる）

1975年大分県生まれ。ライター。大学時代は山岳部に所属し、登山、環境、平和、家族問題などをテーマに執筆をおこなう。子どもと引き離された自らの体験から、共同親権運動をはじめ、2019年に「共同親権集団訴訟」で国を訴える。

著書に『ニホンオオカミは消えたか？』(旬報社)、『子どもに会いあい親のためのハンドブック』『引き離されたぼくと子どもたち』（小社)、『南アルプスの未来にリニアはいらない』（オフィスエム)、『ニホンカワウソは生きている』(旬報社)ほか。

現在は長野県大鹿村で親子の引き離しやDVなど家族の支援を「おおしか家族相談」で継続。　相談連絡先　☎0265-39-2067

共同親権

2021年12月10日初版第1刷発行

著／宗像充

発行者／松田健二

発行所／株式会社　社会評論社

〒113-0033　東京都文京区本郷2-3-10　お茶の水ビル

電話　03（3814）3861　FAX　03（3818）2808

印刷製本／倉敷印刷株式会社

カバー挿画／太田DOKO

感想・ご意見お寄せ下さい　book@shahyo.com